Karl Marx

Die Klassenkämpfe in Frankreich 1848 bis 1850

Karl Marx
Die Klassenkämpfe in Frankreich 1848 bis 1850
ISBN/EAN: 9783743392816

Hergestellt in Europa, USA, Kanada, Australien, Japan

Cover: Foto ©ninafisch / pixelio.de

Weitere Bücher finden Sie auf **www.hansebooks.com**

Die

Klassenkämpfe in Frankreich

1848 bis 1850.

Von

Karl Marx.

Abdruck aus der „Neuen Rheinischen Zeitung"
Politisch-ökonomische Revue, Hamburg 1850.

Mit Einleitung
von
Friedrich Engels

Berlin 1895.
Verlag der Expedition des „Vorwärts", Berliner Volksblatt
(Th. Glocke).

Inhalt.

	Seite
Einleitung	3
I. Vom Februar bis Juni 1848	20
II. Vom Juni 1848 bis 13. Juni 1849	42
III. Vom 13. Juni 1849 bis 10. März 1850	70
IV. Die Abschaffung des allgemeinen Stimmrechts 1850	100

Einleitung.

Die hiermit neu herausgegebene Arbeit war Marx' erster Versuch, ein Stück Zeitgeschichte vermittelst seiner materialistischen Auffassungsweise aus der gegebenen ökonomischen Lage zu erklären. Im kommunistischen Manifest war die Theorie in großen Umrissen auf die ganze neuere Geschichte angewandt, in Marx' und meinen Artikeln der „Neuen Rheinischen Zeitung" war sie fortwährend benutzt worden zur Deutung gleichzeitiger politischer Ereignisse. Hier dagegen handelte es sich darum, im Verlauf einer mehrjährigen, für ganz Europa sowohl kritischen wie typischen Entwicklung den inneren Kausalzusammenhang nachzuweisen, also, im Sinn des Verfassers, die politischen Begebenheiten zurückzuführen auf Wirkungen von in letzter Instanz ökonomischen Ursachen.

Bei der Beurtheilung von Ereignissen und Ereignißreihen aus der Tagesgeschichte wird man nie im Stande sein, bis auf die letzten ökonomischen Ursachen zurückzugehn. Selbst heute noch, wo die einschlägige Fachpresse so reichlichen Stoff liefert, wird es sogar in England unmöglich bleiben, den Gang der Industrie und des Handels auf dem Weltmarkt und die in den Produktionsmethoden eintretenden Aenderungen Tag für Tag derart zu verfolgen, daß man für jeden beliebigen Zeitpunkt das allgemeine Fazit aus diesen mannichfach verwickelten und stets wechselnden Faktoren ziehen kann, Faktoren, von denen die wichtigsten obendrein meist lange Zeit im Verborgenen wirken, bevor sie plötzlich gewaltsam an der Oberfläche sich geltend machen. Der klare Ueberblick über die ökonomische Geschichte einer gegebenen Periode ist nie gleichzeitig, ist nur nachträglich, nach erfolgter Sammlung und Sichtung des Stoffes, zu gewinnen. Die Statistik ist hier nothwendiges Hülfsmittel, und sie hinkt immer nach. Für die laufende Zeitgeschichte wird man daher nur zu oft genöthigt sein, diesen, den entscheidendsten Faktor als konstant, die am Anfang der betreffenden Periode vorgefundene ökonomische Lage als für die ganze Periode gegeben und unveränderlich zu behandeln, oder nur solche Veränderungen dieser Lage zu berücksichtigen, die aus den offen vor liegenden Ereignissen selbst entspringen, und daher ebenfalls offen zu Tage liegen. Die materialistische Methode wird sich daher hier nur zu oft darauf beschränken müssen, die politischen Konflikte auf Interessenkämpfe der durch die ökonomische Entwicklung gegebenen, vorgefundenen Gesellschaftsklassen und Klassenfraktionen zurückzuführen, und die einzelnen politischen Parteien nachzuweisen als den mehr oder weniger adäquaten politischen Ausdruck dieser selben Klassen und Klassenfraktionen.

Es ist selbstredend, daß diese unvermeidliche Vernachlässigung der gleichzeitigen Veränderungen der ökonomischen Lage, der eigentlichen Basis aller zu untersuchenden Vorgänge, eine Fehlerquelle sein muß. Aber alle Bedingungen einer zusammenfassenden Darstellung der Tagesgeschichte schließen unvermeidlich Fehlerquellen in sich; was aber niemanden abhält, Tagesgeschichte zu schreiben.

Als Marx diese Arbeit unternahm, war die erwähnte Fehlerquelle noch viel unvermeidlicher. Während der Revolutionszeit 1848/49 die sich gleichzeitig vollziehenden ökonomischen Wandlungen zu verfolgen, oder gar den Ueberblick über sie zu behalten, war rein unmöglich. Ebenso während der ersten Monate des Exils in London, Herbst und Winter 1849/50. Das war aber gerade die Zeit, wo Marx die Arbeit begann. Und trotz dieser Ungunst der Umstände befähigte ihn seine genaue Kenntniß, sowohl der ökonomischen Lage Frankreichs vor, wie der politischen Geschichte dieses Landes seit der Februarrevolution, eine Darstellung der Ereignisse zu geben, die deren inneren Zusammenhang in einer auch seitdem unerreichten Weise aufdeckt, und die später von Marx selbst angestellte zweifache Probe glänzend bestanden hat.

Die erste Probe erfolgte dadurch, daß seit Frühjahr 1850 Marx wieder Muße gewann für ökonomische Studien, und zunächst die ökonomische Geschichte der letzten zehn Jahre vornahm. Dadurch wurde ihm aus den Thatsachen selbst vollständig klar, was er bisher aus lückenhaftem Material halb aprioristisch gefolgert hatte: daß die Welthandelskrise von 1847 die eigentliche Mutter der Februar= und Märzrevolutionen gewesen, und daß die seit Mitte 1848 allmälig wieder eingetretene, 1849 und 1850 zur vollen Blüthe gekommene industrielle Prosperität die belebende Kraft der neuerstarkten europäischen Reaktion war. Das war entscheidend. Während in den drei ersten Artikeln (erschienen im Januar=, Februar= und Märzheft der „N. Rh. Z., politisch=ökonomische Revue", Hamburg 1850) noch die Erwartung eines baldigen neuen Aufschwunges revolutionärer Energie durchgeht, bricht die von Marx und mir verfaßte geschichtliche Uebersicht des letzten, Herbst 1850, erschienenen Doppelheftes (Mai bis Oktober) ein für alle Mal mit diesen Illusionen: „Eine neue Revolution ist nur möglich im Gefolge einer neuen Krisis. Sie ist aber auch ebenso sicher wie diese." Das war aber auch die einzige wesentliche Aenderung, die vorzunehmen war An der in den früheren Abschnitten gegebenen Deutung der Ereignisse, an den darin hergestellten ursächlichen Zusammenhängen war absolut nichts zu ändern, wie die in derselben Uebersicht gegebene Fortführung der Erzählung vom 10. März bis in den Herbst 1850 beweist. Ich habe diese Fortsetzung daher als vierten Artikel in gegenwärtigen Neudruck mit aufgenommen.

Die zweite Probe war noch härter. Gleich nach Louis Bonapartes Staatsstreich vom 2. Dezember 1851 bearbeitete Marx auf's Neue die Geschichte Frankreichs vom Februar 1848 bis auf dies die Revolutionsperiode einstweilen abschließende Ereigniß. (Der 18. Brumaire des Louis Bonaparte. Dritte Auflage, Hamburg, Meißner 1885.) In dieser Broschüre ist die in unserer Schrift dargestellte Periode, wenn auch kürzer, wieder behandelt. Man vergleiche diese zweite, im Licht des über ein Jahr später fallenden, entscheidenden Ereignisses geschriebene Darstellung mit der unseren, und man wird finden, daß der Verfasser nur sehr wenig zu ändern hatte.

Was unserer Schrift noch eine ganz besondere Bedeutung giebt, ist der Umstand, daß sie zuerst die Formel ausspricht, in welcher die allgemeine Einstimmung der Arbeiterparteien aller Länder der Welt ihre Forderung der ökonomischen Neugestaltung kurz zusammenfaßt: die Aneignung der Produktionsmittel durch die Gesellschaft. Im zweiten Kapitel, gelegentlich des „Rechts auf Arbeit", das bezeichnet wird als „erste unbeholfene Formel, worin sich die revolutionären Ansprüche des Proletariats zusammenfassen," heißt es: „aber hinter dem Recht auf Arbeit steht die Gewalt über das Kapital, hinter der Gewalt über das Kapital die Aneignung der Produktionsmittel, ihre Unterwerfung unter die assoziirte Arbeiterklasse, also die Aufhebung der Lohnarbeit wie des Kapitals und ihres Wechselverhältnisses." Hier ist also — zum ersten Mal — der Satz formulirt, durch den der moderne Arbeitersozialismus sich scharf unterscheidet ebensowohl von allen verschiedenen Schattirungen des feudalen, bürgerlichen, kleinbürgerlichen ꝛc. Sozialismus, wie auch von der konfusen Gütergemeinschaft des utopischen wie des naturwüchsigen Arbeiter-Kommunismus. Wenn später Marx die Formel ausdehnte auf Aneignung auch der Austauschmittel, so sprach diese Erweiterung, die übrigens nach dem kommunistischen Manifest sich von selbst verstand, nur ein Korollar des Hauptsatzes aus. Einige weise Leute in England haben dann neuerdings noch hinzugefügt, daß auch die „Mittel der Vertheilung" der Gesellschaft überwiesen werden sollen. Es würde diesen Herren schwer werden, zu sagen, welches denn diese, von den Produktions- und Austauschmitteln verschiedenen, ökonomischen Vertheilungsmittel sind; es seien denn politische Vertheilungsmittel gemeint, Steuern, Armenunterstützung, einschließlich der Sachsenwald- und andern Dotationen.

Aber diese sind erstens ja schon jetzt Vertheilungsmittel im Besitz der Gesammtheit, des Staates oder der Gemeinde, und zweitens wollen wir sie ja gerade abschaffen.

Als die Februarrevolution ausbrach, standen wir alle, was unsere Vorstellungen von den Bedingungen und dem Verlauf revolutionärer Bewegungen betraf, unter dem Bann der bisherigen geschichtlichen Erfahrung, namentlich derjenigen Frankreichs. Diese letztere war es ja gerade, die die ganze europäische Geschichte seit 1789 beherrscht hatte, von der auch jetzt wieder das Signal zur allgemeinen Umwälzung ausgegangen war. So war es selbstredend und unvermeidlich, daß unsere Vorstellungen von der Natur und dem Gang der in Paris, im Februar 1848, proklamirten „sozialen" Revolution, der Revolution des Proletariats, stark gefärbt waren durch die Erinnerungen der Vorbilder von 1789—1830. Und vollends, als die Pariser Erhebung ihr Echo fand in den siegreichen Aufständen von Wien, Mailand, Berlin, als ganz Europa bis an die russische Grenze in die Bewegung hineingerissen war; als dann im Juni in Paris die erste große Schlacht um die Herrschaft zwischen Proletariat und Bourgeoisie geschlagen wurde; als selbst der Sieg ihrer Klasse die Bourgeoisie aller Länder so erschütterte, daß sie wieder in die Arme der eben erst gestürzten monarchisch-feudalen Reaktion zurückfloh, da konnte unter damaligen Umständen für uns kein Zweifel sein, daß der große Entscheidungskampf angebrochen sei, daß er ausgefochten werden müsse in einer einzigen langen und wechselvollen Revolutionsperiode, daß er aber nur enden könne mit dem endgültigen Sieg des Proletariats.

Wir theilten nach den Niederlagen von 1849 keineswegs die Illusionen der um die provisorischen Zukunftsregierungen in partibus gruppirten Vulgärdemokratie. Diese rechnete auf einen baldigen, ein für alle Mal entscheidenden Sieg des „Volkes" über die „Dränger"; wir auf einen langen Kampf, nach Beseitigung der „Dränger", unter den in eben diesem „Volk" sich verbergenden gegensätzlichen Elementen. Die Vulgärdemokratie erwartete den erneuten Losbruch von heute auf morgen; wir erklärten schon Herbst 1850, daß wenigstens der erste Abschnitt der revolutionären Periode abgeschlossen und nichts zu erwarten sei bis zum Ausbruch einer neuen ökonomischen Weltkrise. Weswegen wir auch in Acht und Bann gethan wurden als Verräther an der Revolution, von denselben Leuten, die nachher fast ohne Ausnahme ihren Frieden mit Bismarck gemacht haben — soweit Bismarck sie der Mühe werth fand.

Die Geschichte hat aber auch uns Unrecht gegeben, hat unsere damalige Ansicht als eine Illusion enthüllt. Sie ist noch weiter gegangen: sie hat nicht nur unseren damaligen Irrthum zerstört, sie hat auch die Bedingungen total umgewälzt, unter denen das Proletariat zu kämpfen hat. Die Kampfweise von 1848 ist heute in jeder Beziehung veraltet, und das ist ein Punkt, der bei dieser Gelegenheit näher untersucht zu werden verdient.

Alle bisherigen Revolutionen liefen hinaus auf die Verdrängung einer bestimmten Klassenherrschaft durch eine andere; alle bisherigen herrschenden Klassen waren aber nur kleine Minoritäten gegenüber der beherrschten Volksmasse. Eine herrschende Minorität wurde so gestürzt, eine andere Minorität ergriff an ihrer Stelle das Staatsruder und modelte die Staatseinrichtungen nach ihren Interessen um. Es war dies jedesmal die durch den Stand der ökonomischen Entwicklung zur Herrschaft befähigte und berufene Minoritätsgruppe, und gerade deshalb, und nur deshalb, geschah es, daß die beherrschte Majorität sich bei der Umwälzung entweder zu Gunsten jener betheiligte, oder sich doch die Umwälzung ruhig gefallen ließ. Aber wenn wir vom jedesmaligen konkreten Inhalt absehen, war die gemeinsame Form aller dieser Revolutionen die, daß sie Minoritätsrevolutionen waren. Selbst wenn die Majorität dazu mitthat, geschah es — wissentlich oder nicht — nur im Dienst einer Minorität; diese aber erhielt dadurch, oder auch schon durch die passive widerstandslose Haltung der Majorität, den Anschein, als sei sie Vertreterin des ganzen Volkes.

Nach dem ersten großen Erfolg spaltete sich in der Regel die siegreiche Minorität; die eine Hälfte war mit dem Erlangten zufrieden, die andere wollte noch weiter gehen, stellte neue Forderungen, die wenigstens theilweise auch im wirklichen oder scheinbaren Interesse der großen Volksmenge waren. Diese radikaleren Forderungen wurden auch in einzelnen Fällen durchgesetzt; häufig aber nur für den Augenblick, die gemäßigtere Partei erlangte wieder die Oberhand, das zuletzt Gewonnene ging ganz oder theilweise wieder verloren; die Besiegten schrieen dann über Verrath, oder schoben die Niederlage auf den Zufall. In Wirklichkeit aber lag die Sache meist so: die Errungenschaften des ersten Sieges wurden erst sicher gestellt durch den zweiten Sieg der radikaleren Partei; war dies und damit das augenblicklich Nöthige erreicht, so verschwanden die Radikalen und ihre Erfolge wieder vom Schauplatz.

Alle Revolutionen der neueren Zeit, angefangen von der großen englischen des siebzehnten Jahrhunderts, zeigten diese Züge, die untrennbar schienen von jedem revolutionären Kampf. Sie schienen anwendbar auch auf die Kämpfe des Proletariats um seine Emanzipation; anwendbar umsomehr, als gerade 1848 die Leute zu zählen waren, die auch nur einigermaßen verstanden, in welcher Richtung diese Emanzipation zu suchen war. Die proletarischen Massen selbst waren sogar in Paris noch nach dem Sieg absolut im Unklaren über den einzuschlagenden Weg. Und doch war die Bewegung da, instinktiv, spontan, ununterdrückbar. War das nicht gerade die Lage, worin eine Revolution gelingen mußte, geleitet zwar von einer Minorität, aber diesmal nicht im Interesse der Minorität, sondern im eigentlichsten Interesse der Majorität? Waren in allen längeren revolutionären Perioden die großen Volksmassen so leicht durch bloße plausible Vorspiegelungen der vorwärts drängenden Minoritäten zu gewinnen, wie sollten sie weniger zugänglich sein für Ideen, die der eigenste Reflex ihrer ökonomischen Lage, die nichts anderes waren, als der klare, verstandesgemäße Ausdruck ihrer von ihnen selbst noch unverstandenen, nur erst unbestimmt gefühlten Bedürfnisse? Allerdings hatte diese revolutionäre Stimmung der Massen fast immer, und meist sehr bald, einer Ermattung oder gar einem Umschlag in's Gegentheil Platz gemacht, sobald die Illusion verraucht, die Enttäuschung eingetreten war. Aber hier handelte es sich nicht um Vorspiegelungen, sondern um die Durchführung der eigentlichsten Interessen der großen Mehrheit selbst, Interessen, die zwar damals dieser großen Mehrheit keineswegs klar waren, die ihr aber bald genug klar werden mußten, im Laufe der praktischen Durchführung, durch den überzeugenden Augenschein. Und wenn nun gar, wie im dritten Artikel von Marx nachgewiesen, im Frühjahr 1850 die Entwicklung der aus der „sozialen" Revolution von 1848 erstandenen bürgerlichen Republik die wirkliche Herrschaft in den Händen der obendrein monarchistisch gesinnten – großen Bourgeoisie konzentrirt, dagegen alle anderen Gesellschaftsklassen, Bauern wie Kleinbürger, um das Proletariat gruppirt hatte, derart, daß bei und nach dem gemeinsamen Sieg nicht sie, sondern das durch Erfahrung gewitzigte Proletariat der entscheidende Faktor werden mußte — war da nicht alle Aussicht vorhanden für den Umschlag der Revolution der Minorität in die Revolution der Majorität?

Die Geschichte hat uns und allen, die ähnlich dachten, Unrecht gegeben. Sie hat klar gemacht, daß der Stand der ökonomischen Entwicklung auf dem Kontinent damals noch bei Weitem nicht reif war für die Beseitigung der kapitalistischen Produktion; sie hat dies bewiesen durch die ökonomische Revolution, die seit 1848 den ganzen Kontinent ergriffen und die große Industrie in Frankreich, Oesterreich, Ungarn, Polen und neuerdings Rußland erst wirklich eingebürgert, aus Deutschland aber geradezu ein Industrieland ersten Ranges gemacht hat — alles auf kapitalistischer, im Jahre 1848 also noch sehr ausdehnungsfähiger Grundlage. Gerade diese industrielle Revolution aber ist es, die überall erst Klarheit geschaffen hat in den Klassenverhältnissen, die eine Menge von, aus der Manufakturperiode und im östlichen Europa selbst aus dem Zunfthandwerk her überkommenen Zwischenexistenzen beseitigt, eine wirkliche Bourgeoisie und ein wirkliches großindustrielles Proletariat erzeugt und in den Vordergrund der gesellschaftlichen Entwicklung gedrängt hat. Dadurch aber ist der Kampf dieser beiden großen Klassen, der 1848 außerhalb Englands nur in Paris und höchstens in einigen großen Industriezentren bestand, erst über ganz Europa verbreitet worden, und hat eine Intensität erlangt, wie sie 1848 noch undenkbar war. Damals die vielen unklaren Seltenevangelien mit ihren Panaceen, heute die eine allgemein anerkannte, durchsichtig klare, die letzten Zwecke des Kampfes scharf formulirende Theorie von Marx; damals die nach Lokalität und Nationalität geschiedenen und verschiedenen, nur durch das Gefühl gemeinsamer Leiden verknüpften, unentwickelten, zwischen Begeisterung und Verzweiflung rathlos hin und hergeworfenen Massen, heute die eine große internationale Armee von Sozialisten, unaufhaltsam vorschreitend, täglich wachsend an Zahl, Organisation, Disziplin, Einsicht und Siegesgewißheit. Wenn sogar diese mächtige Armee des Proletariats noch immer nicht das Ziel erreicht hat, wenn sie, weit entfernt, den Sieg mit einem großen Schlag zu erringen, in hartem, zähem Kampf von Position zu Position langsam vordringen muß, so beweist dies ein für alle Mal, wie unmöglich es 1848 war, die soziale Umgestaltung durch einfache Ueberrumpelung zu erobern.

Eine in zwei dynastisch-monarchische Sektionen gespaltene Bourgeoisie, die aber vor allen Dingen Ruhe und Sicherheit für ihre Geldgeschäfte verlangte, ihr gegenüber ein zwar besiegtes, aber immer noch drohendes Proletariat, um das sich Kleinbürger und Bauern mehr und mehr gruppirten — die stete Drohung eines gewaltsamen Ausbruchs, der bei alledem keine Aussicht auf endgültige Lösung bot —, das war die Situation, wie geschaffen für den Staatsstreich des dritten, des pseudo-demokratischen Prätendenten Louis Bonaparte. Vermittelst der Armee machte dieser am 2. Dezember 1851 der gespannten Situation ein Ende und sicherte Europa die innere Ruhe, um es dafür mit einer neuen Aera der Kriege zu beglücken. Die Periode der Revolutionen von unten war einstweilen geschlossen; es folgte eine Periode der Revolutionen von oben.

Der imperialistische Rückschlag von 1851 gab einen neuen Beweis von der Unreife der proletarischen Aspirationen jener Zeit. Aber er selbst sollte die Bedingungen schaffen, unter denen sie reifen mußten. Die innere Ruhe sicherte die volle Entwicklung des neuen industriellen Aufschwungs, die Nothwendigkeit, die Armee zu beschäftigen und die revolutionären Strömungen nach außen abzulenken, erzeugte die Kriege, worin Bonaparte, unter dem Vorwand, das „Nationalitätsprinzip" zur Geltung zu bringen, Annexionen für Frankreich zu ergattern suchte. Sein Nachahmer Bismarck adoptirte dieselbe Politik für Preußen; er machte seinen Staatsstreich, seine Revolution von oben 1866 gegenüber dem deutschen Bund

und Oesterreich, und nicht minder gegenüber der preußischen Konflikts=
kammer. Aber Europa war zu klein für zwei Bonapartes, und
so wollte es die geschichtliche Ironie, daß Bismarck den Bonaparte
stürzte, und daß der König Wilhelm von Preußen nicht nur das
kleindeutsche Kaiserthum herstellte, sondern auch die französische
Republik. Das allgemeine Ergebniß aber war, daß in Europa die
Selbständigkeit und innere Einigung der großen Nationen, mit
Ausnahme Polens, eine Thatsache geworden war. Freilich inner=
halb relativ bescheidener Grenzen — aber immerhin so weit, daß der
Entwicklungsprozeß der Arbeiterklasse nicht mehr an nationalen
Verwicklungen ein wesentliches Hemmniß fand. Die Todtengräber
der Revolution von 1848 waren ihre Testamentsvollstrecker ge=
worden. Und neben ihnen erhob sich schon drohend der Erbe von
1848, das Proletariat, in der Internationale.

Nach dem Kriege von 1870/71 verschwindet Bonaparte vom
Schauplatz und Bismarck's Mission ist vollendet, so daß er nun
wieder zum ordinären Junker herabsinken kann. Den Abschluß der
Periode aber bildet die Kommüne von Paris. Ein heimtückischer
Versuch von Thiers, der Pariser Nationalgarde ihre Geschütze zu
stehlen, rief einen siegreichen Aufstand hervor. Es zeigte sich wieder,
daß in Paris keine andere Revolution mehr möglich ist, als eine
proletarische. Die Herrschaft fiel der Arbeiterklasse nach dem Sieg
ganz von selbst, ganz unbestritten in den Schooß. Und wiederum
zeigte sich, wie unmöglich auch damals noch, zwanzig Jahre nach
der in unserer Schrift geschilderten Zeit, diese Herrschaft der
Arbeiterklasse war. Einerseits ließ Frankreich Paris im Stich, sah
zu, wie es unter den Kugeln Mac Mahon's verblutete, andererseits
verzehrte sich die Kommüne im unfruchtbaren Streit der beiden sie
spaltenden Parteien, der Blanquisten (Majorität) und der Proudhon=
isten (Minorität), die beide nicht wußten, was zu thun war. Ebenso
unfruchtbar wie 1848 die Ueberrumpelung, blieb 1871 der ge=
schenkte Sieg.

Mit der Pariser Kommüne glaubte man das streitbare Prole=
tariat endgültig begraben. Aber ganz im Gegentheil, von der Kom=
müne und vom deutsch=französischen Krieg datirt sein gewaltigster
Aufschwung. Die totale Umwälzung des gesammten Kriegswesens
durch die Einrangirung der ganzen waffenfähigen Bevölkerung in
die nur noch nach Millionen zu berechnenden Armeen, durch Feuer=
waffen, Geschosse und Explosivstoffe von bisher unerhörter Wirkungs=
kraft machte einerseits der bonapartistischen Kriegsperiode ein jähes
Ende und sicherte die friedliche industrielle Entwickelung, indem sie
jeden anderen Krieg unmöglich macht als einen Weltkrieg von un=
erhörter Gräuelhaftigkeit und von absolut unberechenbarem Aus=
gang. Andrerseits trieb sie durch die in geometrischer Progression
steigenden Heereskosten die Steuern zu unerschwinglicher Höhe und

damit die ärmeren Volksklassen in die Arme des Sozialismus. Die Annexion von Elsaß Lothringen, die nächste Ursache der tollen Konkurrenz in Kriegsrüstungen, mochte die französische und deutsche Bourgeoisie gegeneinander chauvinistisch verhetzen; für die Arbeiter beider Länder wurde sie ein neues Band der Einigung. Und der Jahrestag der Kommüne von Paris wurde der erste allgemeine Feiertag des gesammten Proletariats.

Der Krieg von 1870 71 und die Niederlage der Kommüne hatten, wie Marx vorhergesagt, den Schwerpunkt der europäischen Arbeiterbewegung einstweilen von Frankreich nach Deutschland verlegt. In Frankreich brauchte es selbstverständlich Jahre, bis man sich von dem Aderlaß des Mai 1871 erholt hatte. In Deutschland dagegen, wo die obendrein von dem französischen Milliardensegen geradezu treibhausmäßig geförderte Industrie sich immer rascher entwickelte, wuchs noch weit rascher und nachhaltiger die Sozialdemokratie. Dank dem Verständniß, womit die deutschen Arbeiter das 1866 eingeführte allgemeine Stimmrecht benutzten, liegt das staunenerregende Wachsthum der Partei in unbestreitbaren Zahlen offen vor aller Welt. 1871: 102 000, 1874: 352 000, 1877: 493 000 sozialdemokratische Stimmen. Dann kam die hohe obrigkeitliche Anerkennung dieser Fortschritte in Gestalt des Sozialistengesetzes; die Partei war momentan zersprengt, die Stimmenzahl sank 1881 auf 312 000. Aber das war rasch überwunden, und nun, unter dem Druck des Ausnahmegesetzes, ohne Presse, ohne äußere Organisation, ohne Vereins- und Versammlungsrecht, nun fing die rasche Ausbreitung erst recht an: 1884: 550 000, 1887: 763 000, 1890: 1 427 000 Stimmen. Da erlahmte die Hand des Staats. Das Sozialistengesetz verschwand, die sozialistische Stimmenzahl stieg auf 1 787 000, über ein Viertel der sämmtlichen abgegebenen Stimmen. Die Regierung und die herrschenden Klassen hatten alle ihre Mittel erschöpft — nutzlos, zwecklos, erfolglos. Die handgreiflichen Beweise ihrer Ohnmacht, die die Behörden, vom Nachtwächter bis zum Reichskanzler, hatten einstecken müssen — und das von den verachteten Arbeitern! — diese Beweise zählten nach Millionen. Der Staat war am Ende seines Lateins, die Arbeiter erst am Anfang des ihrigen.

Die deutschen Arbeiter hatten aber zudem ihrer Sache noch einen zweiten großen Dienst erwiesen neben dem ersten, der mit ihrer bloßen Existenz als die stärkste, die disziplinirteste, die am raschesten anschwellende sozialistische Partei gegeben war. Sie hatten ihren Genossen aller Länder eine neue, eine der schärfsten Waffen geliefert, indem sie ihnen zeigten, wie man das allgemeine Stimmrecht gebraucht.

Das allgemeine Stimmrecht hatte schon lange in Frankreich

bestanden, war aber in Verruf gekommen durch den Mißbrauch, den die bonapartische Regierung damit getrieben. Nach der Kommüne war keine Arbeiterpartei vorhanden, es zu benutzen. Auch in Spanien bestand es seit der Republik, aber in Spanien war die Wahlenthaltung aller ernstlichen Oppositionsparteien von jeher Regel. Auch die schweizer Erfahrungen mit dem allgemeinen Stimmrecht waren alles, nur nicht aufmunternd für eine Arbeiterpartei. Die revolutionären Arbeiter der romanischen Länder hatten sich angewöhnt, das Stimmrecht als einen Fallstrick, als ein Instrument der Regierungsprellerei anzusehn. In Deutschland war das anders. Schon das kommunistische Manifest hatte die Erkämpfung des allgemeinen Wahlrechts, der Demokratie, als eine der ersten und wichtigsten Aufgaben des streitbaren Proletariats proklamirt, und Lassalle hatte diesen Punkt wieder aufgenommen. Als nun Bismarck sich genöthigt sah, dies Wahlrecht einzuführen als einziges Mittel, die Volksmassen für seine Pläne zu interessiren, da machten unsere Arbeiter sofort Ernst damit und sandten August Bebel in den ersten konstituirenden Reichstag. Und von dem Tage an haben sie das Wahlrecht benutzt in einer Weise, die sich ihnen tausendfach gelohnt und die den Arbeitern aller Länder als Vorbild gedient hat. Sie haben das Wahlrecht, in den Worten des französischen marxistischen Programms, transformé, de moyen de duperie qu'il a été jusqu'ici, en instrument d'émancipation — es verwandelt aus einem Mittel der Prellerei, was es bisher war, in ein Werkzeug der Befreiung. Und wenn das allgemeine Wahlrecht keinen anderen Gewinn geboten hätte, als daß es uns erlaubte, uns alle drei Jahre zu zählen; daß es durch die regelmäßig konstatirte, unerwartet rasche Steigerung der Stimmenzahl in gleichem Maße die Siegesgewißheit der Arbeiter wie den Schrecken der Gegner steigerte und so unser bestes Propagandamittel wurde; daß es uns genau unterrichtete über unsere eigene Stärke wie über die aller gegnerischen Parteien, und uns dadurch einen Maßstab für die Proportionirung unserer Aktion lieferte, wie es keinen zweiten giebt, uns vor unzeitiger Zaghaftigkeit ebenso sehr bewahrte wie vor unzeitiger Tollkühnheit — wenn das der einzige Gewinn wäre, den wir vom Stimmrecht haben, dann wäre es schon über und über genug. Aber es hat noch viel mehr gethan. In der Wahlagitation lieferte es uns ein Mittel, wie es kein zweites giebt, um mit den Volksmassen da, wo sie uns noch ferne stehn, in Berührung zu kommen, alle Parteien zu zwingen, ihre Ansichten und Handlungen unseren Angriffen gegenüber vor allem Volk zu vertheidigen; und dazu eröffnete es unseren Vertretern im Reichstag eine Tribüne, von der herab sie mit ganz anderer Autorität und Freiheit zu ihren Gegnern im Parlament wie zu den Massen draußen sprechen konnten, als in der Presse und in Versammlungen. Was half der

Regierung und der Bourgeoisie ihr Sozialistengesetz, wenn die Wahlagitation und die sozialistischen Reichstagsreden es fortwährend durchbrachen?

Mit dieser erfolgreichen Benutzung des allgemeinen Stimmrechts war aber eine ganz neue Kampfweise des Proletariats in Wirksamkeit getreten, und diese bildete sich rasch weiter aus. Man fand, daß die Staatseinrichtungen, in denen die Herrschaft der Bourgeoisie sich organisirt, noch weitere Handhaben bieten, vermittelst deren die Arbeiterklasse diese selben Staatseinrichtungen bekämpfen kann. Man betheiligte sich an den Wahlen für Einzellandtage, Gemeinderäthe, Gewerbegerichte, man machte der Bourgeoisie jeden Posten streitig, bei dessen Besetzung ein genügender Theil des Proletariats mitsprach. Und so geschah es, daß Bourgeoisie und Regierung dahin kamen, sich weit mehr zu fürchten vor der gesetzlichen als vor der ungesetzlichen Aktion der Arbeiterpartei, vor den Erfolgen der Wahl als vor denen der Rebellion.

Denn auch hier hatten sich die Bedingungen des Kampfes wesentlich verändert. Die Rebellion alten Stils, der Straßenkampf mit Barrikaden, der bis 1848 überall die letzte Entscheidung gab, war bedeutend veraltet.

Machen wir uns keine Illusion darüber: ein wirklicher Sieg des Aufstandes über das Militär im Straßenkampf, ein Sieg wie zwischen zwei Armeen, gehört zu den größten Seltenheiten. Darauf hatten aber die Insurgenten es auch eben so selten angelegt. Es handelte sich für sie nur darum, die Truppen mürbe zu machen durch moralische Einflüsse, die beim Kampf zwischen den Armeen zweier kriegführender Länder garnicht oder doch in weit geringerem Grad in's Spiel kommen. Gelingt das, so versagt die Truppe, oder die Befehlshaber verlieren den Kopf, und der Aufstand siegt. Gelingt das nicht, so bewährt sich, selbst bei einer Minderzahl auf Seiten des Militärs, die Ueberlegenheit der besseren Ausrüstung und Schulung, der einheitlichen Leitung, der planmäßigen Verwendung der Streitkräfte und der Disziplin. Das Höchste, wozu es die Insurrektion in wirklich taktischer Aktion bringen kann, ist die kunstgerechte Anlage und Vertheidigung einer einzelnen Barrikade. Gegenseitige Unterstützung, Aufstellung resp. Verwendung von Reserven, kurz das schon zur Vertheidigung eines Stadtbezirks, geschweige einer ganzen großen Stadt, unentbehrliche Zusammenwirken und Ineinandergreifen der einzelnen Abtheilungen wird nur höchst mangelhaft, meist garnicht zu erreichen sein; Konzentration der Streitkräfte auf einen entscheidenden Punkt fällt da von selbst weg. Damit ist die passive Vertheidigung die vorwiegende Kampfform; der Angriff wird sich hier und da, aber auch nur ausnahmsweise, zu gelegentlichen Vorstößen und Flankenanfällen aufraffen, in der

Regel aber sich nur auf Besetzung der von der zurückgehenden Truppe verlassenen Stellungen beschränken. Wozu noch auf Seite des Militärs die Verfügung über Geschütz und vollständig ausgerüstete und geübte Genietruppen kommt, Streitmittel, die den Insurgenten in fast allen Fällen gänzlich abgehn. Kein Wunder also, daß selbst die mit dem größten Heldenmuth geführten Barrikadenkämpfe -- Paris Juni 1848, Wien Oktober 1848, Dresden Mai 1849 — mit der Niederlage des Aufstandes endigten, sobald die angreifenden Führer, ungehemmt durch politische Rücksichten, nach rein militärischen Gesichtspunkten handelten und ihre Soldaten zuverlässig blieben.

Die zahlreichen Erfolge der Insurgenten bis 1848 sind sehr mannichfachen Ursachen geschuldet. In Paris Juli 1830 und Februar 1848, wie in den meisten spanischen Straßenkämpfen, stand zwischen den Insurgenten und dem Militär eine Bürgerwehr, die entweder direkt auf Seite des Aufstandes trat, oder aber durch laue unentschiedene Haltung die Truppen ebenfalls in's Schwanken brachte und dem Aufstand obendrein Waffen lieferte. Da, wo diese Bürgerwehr von vornherein gegen den Aufstand auftrat, wie Juni 1848 in Paris, wurde dieser auch besiegt. In Berlin 1848 siegte das Volk theils durch den bedeutenden Zuwachs neuer Streitkräfte während der Nacht und des Morgens am 19., theils infolge der Erschöpfung und schlechten Verpflegung der Truppen, theils endlich infolge der erlahmenden Befehlsgebung. In allen Fällen aber wurde der Sieg erkämpft, weil die Truppe versagte, weil den Befehlshabern die Entschlußfähigkeit ausging, oder aber weil ihnen die Hände gebunden waren.

Selbst in der klassischen Zeit der Straßenkämpfe wirkte also die Barrikade mehr moralisch als materiell. Sie war ein Mittel, die Festigkeit des Militärs zu erschüttern. Hielt sie vor, bis dies gelang, so war der Sieg erreicht; wo nicht, war man geschlagen.

Die Chancen standen übrigens schon 1849 ziemlich schlecht. Die Bourgeoisie hatte sich überall auf die Seite der Regierungen geschlagen, „Bildung und Besitz" begrüßten und bewirtheten das gegen Aufstände ausziehende Militär. Die Barrikade hatte ihren Zauber verloren; der Soldat sah hinter ihr nicht mehr „das Volk", sondern Rebellen, Wühler, Plünderer, Theiler, den Auswurf der Gesellschaft; der Offizier war mit der Zeit bewandert geworden in den taktischen Formen des Straßenkampfes, er marschirte nicht mehr gerade aus und ungedeckt auf die improvisirte Brustwehr los, sondern umging sie durch Gärten, Höfe und Häuser. Und das gelang jetzt, bei einigem Geschick, in neun Fällen von zehn.

Seitdem aber hat sich noch sehr viel verändert, und alles zu Gunsten des Militärs. Sind die Großstädte bedeutend größer geworden, so noch mehr die Armeen. Paris und Berlin sind seit

1848 nicht um's Vierfache gewachsen, ihre Garnisonen aber um mehr als das. Diese Garnisonen können vermittelst der Eisenbahnen in 24 Stunden sich mehr als verdoppeln, in 48 Stunden zu Riesenarmeen anschwellen. Die Bewaffnung dieser enorm verstärkten Truppenzahl ist unvergleichlich wirksamer geworden. 1848 der glatte Perkussions-Vorderlader, heute der kleinkalibrige Magazin-Hinterlader, der viermal so weit, zehnmal so genau und zehnmal so rasch schießt wie jener. Damals die relativ schwach wirkenden Vollkugeln und Kartätschen der Artillerie, heute die Perkussionsgranaten, deren eine hinreicht, die beste Barrikade zu zertrümmern. Damals die Spitzhacke des Pioniers zum Durchbrechen von Brandmauern, heute die Dynamitpatrone.

Auf Seiten des Insurgenten dagegen sind alle Bedingungen schlechter geworden. Ein Aufstand, mit dem alle Volksschichten sympathisiren, kommt schwerlich wieder; im Klassenkampf werden sich wohl nie alle Mittelschichten so ausschließlich um's Proletariat gruppiren, daß die um die Bourgeoisie sich schaarende Reactionspartei dagegen fast verschwinde. Das „Volk" wird also immer getheilt erscheinen, und damit fehlt ein gewaltiger, 1848 so äußerst wirksamer Hebel. Kämen auch auf Seite der Aufständischen mehr gediente Soldaten, so wird ihre Bewaffnung um so schwieriger. Die Jagd- und Luxusflinten der Waffenläden — selbst wenn nicht vorher von Polizeiwegen durch Wegnahme eines Schloßtheiles unbrauchbar gemacht — sind auch im Nahkampf dem Magazingewehr des Soldaten nicht entfernt gewachsen. Bis 1848 konnte man aus Pulver und Blei sich die nöthige Munition selbst machen, heute ist die Patrone für jedes Gewehr verschieden, und nur in dem einen Punkt überall gleich, daß sie ein Kunstprodukt der großen Industrie, also nicht extempore anzufertigen ist, daß also die meisten Gewehre nutzlos sind, so lange man nicht die speziell für sie passende Munition hat. Und endlich sind die seit 1848 neugebauten Viertel der großen Städte in langen, graden, breiten Straßen angelegt, wie gemacht für die Wirkung der neuen Geschütze und Gewehre. Der Revolutionär müßte verrückt sein, der sich die neuen Arbeiterdistrikte im Norden und Osten von Berlin zu einem Barrikadenkampf selbst aussuchte.

Versteht der Leser nun, weshalb die herrschenden Klassen uns platterdings dahin bringen wollen, wo die Flinte schießt und der Säbel haut? Warum man uns heute der Feigheit zeiht, weil wir uns nicht ohne Weiteres auf die Straße begeben, wo wir der Niederlage im Voraus gewiß sind? Warum man uns so inständig anfleht, wir möchten doch endlich einmal Kanonenfutter spielen?

Die Herren verschwenden ihre Bittgesuche wie ihre Herausforderungen für nichts und wieder nichts. So dumm sind wir nicht. Sie könnten ebensogut von ihrem Feind im nächsten Krieg verlangen, er solle sich ihnen stellen in der Linienformation des alten Fritz, oder in den Kolonnen ganzer Divisionen à la Wagram und Waterloo, und das mit dem Steinschloßgewehr in der Hand. Haben sich die Bedingungen geändert für den Völkerkrieg, so nicht minder für den Klassenkampf. Die Zeit der Ueberrumpelungen, der von kleinen bewußten Minoritäten an der Spitze bewußtloser Massen durchgeführten Revolutionen ist vorbei. Wo es sich um eine vollständige Umgestaltung der gesellschaftlichen Organisation handelt, da müssen die Massen selbst mit dabei sein, selbst schon begriffen haben, worum es sich handelt, für was sie eintreten sollen. Das hat uns die Geschichte der letzten fünfzig Jahre gelehrt. Damit aber die Massen verstehen, was zu thun ist, dazu bedarf es langer, ausdauernder Arbeit, und diese Arbeit ist es gerade, die wir jetzt betreiben, und das mit einem Erfolg, der die Gegner zur Verzweiflung bringt.

Auch in den romanischen Ländern sieht man mehr und mehr ein, daß die alte Taktik revidirt werden muß. Ueberall hat man das deutsche Beispiel der Benutzung des Wahlrechts, der Eroberung aller uns zugänglichen Posten, nachgeahmt. In Frankreich, wo doch der Boden seit über hundert Jahren durch Revolution auf Revolution unterwühlt ist, wo es keine einzige Partei giebt, die nicht in Konspirationen, Aufständen und allen anderen revolutionären Aktionen das Ihrige geleistet hätte; in Frankreich, wo infolgedessen die Armee der Regierung keineswegs sicher ist, und wo überhaupt die Umstände für einen insurrektionellen Handstreich weit günstiger liegen als in Deutschland — selbst in Frankreich sehen die Sozialisten mehr und mehr ein, daß für sie kein dauernder Sieg möglich ist, es sei denn, sie gewinnen vorher die große Masse des Volks, d. h. hier die Bauern. Langsame Arbeit der Propaganda und parlamentarische Thätigkeit sind auch hier als nächste Aufgabe der Partei erkannt. Die Erfolge blieben nicht aus. Nicht nur sind eine ganze Reihe von Gemeinderäthen erobert worden; in den Kammern sitzen 50 Sozialisten, und diese haben bereits drei Ministerien und einen Präsidenten der Republik gestürzt. In Belgien haben sich die Arbeiter voriges Jahr das Wahlrecht erzwungen und in einem Viertel der Wahlkreise gesiegt. In der Schweiz, in Italien, in Dänemark, ja selbst in Bulgarien und Rumänien sind die Sozialisten in den Parlamenten vertreten. In Oesterreich sind alle Parteien darüber einig, daß uns der Zutritt zum Reichsrath nicht länger verwehrt bleiben kann. Hinein kommen wir, das ist gewiß, man streitet nur noch darüber: durch welche Thür. Und selbst wenn in Rußland der berühmte Zemskij Sobor zusammentritt, jene Nationalversammlung, gegen die der junge Nikolaus sich so vergebens sperrt, selbst da können wir mit Gewißheit darauf rechnen, daß wir auch dort vertreten sind.

Selbstverständlich verzichten unsere ausländischen Genossen nicht auf ihr Recht auf Revolution. Das Recht auf Revolution ist ja überhaupt das einzige wirklich „historische Recht", das einzige, worauf alle modernen Staaten ohne Ausnahme beruhen, Mecklenburg eingeschlossen, dessen Adelsrevolution beendigt wurde 1755 durch den „Erbvergleich", die noch heute gültige glorreiche Verbriefung des Feudalismus. Das Recht auf Revolution ist so sehr im allgemeinen Bewußtsein unumstößlich anerkannt, daß sogar der General von Boguslawski aus diesem Volksrecht allein das Recht auf den Staatsstreich ableitet, das er seinem Kaiser vindizirt.

Was aber auch in anderen Ländern geschehen möge, die deutsche Sozialdemokratie hat eine besondere Stellung und damit wenigstens zunächst auch eine besondere Aufgabe. Die zwei Millionen Wähler, die sie an die Urnen schickt, nebst den jungen Männern und den Frauen, die als Nichtwähler hinter ihnen stehen, bilden die zahlreichste, kompakteste Masse, den entscheidenden „Gewalthaufen" der internationalen proletarischen Armee. Diese Masse liefert schon jetzt über ein Viertel der abgegebnen Stimmen; und wie die Einzelwahlen für den Reichstag, die einzelstaatlichen Landtagswahlen, die Gemeinderaths- und Gewerbegerichtswahlen beweisen, nimmt sie unabläßig zu. Ihr Wachsthum geht so spontan, so stetig, so unaufhaltsam und gleichzeitig so ruhig vor sich wie ein Naturprozeß. Alle Regierungseingriffe haben sich ohnmächtig dagegen erwiesen. Auf 2¼ Millionen Wähler können wir schon heute rechnen. Geht das so voran, so erobern wir bis Ende des Jahrhunderts den größeren Theil der Mittelschichten der Gesellschaft, Kleinbürger wie Kleinbauern, und wachsen aus zu der entscheidenden Macht im Lande, vor der alle andern Mächte sich beugen müssen, ob sie es wollen oder nicht. Dies Wachsthum ununterbrochen im Gang zu halten, bis es dem herrschenden Regierungssystem von selbst über den Kopf wächst, das ist unsere Hauptaufgabe. Und da ist nur ein Mittel, wodurch das stetige Anschwellen der sozialistischen Streitkräfte in Deutschland momentan aufgehalten, und selbst für einige Zeit zurückgeworfen werden könnte: ein Zusammenstoß auf großem Maßstab mit dem Militär, ein Aderlaß wie 1871 in Paris. Auf die Dauer würde das auch überwunden. Eine Partei, die nach Millionen zählt, aus der Welt schießen, dazu reichen alle Magazingewehre von Europa und Amerika nicht hin. Aber die normale Entwicklung wäre gehemmt, die Entscheidung würde verspätet, verlängert und mit schwereren Opfern verknüpft.

Die Ironie der Weltgeschichte stellt alles auf den Kopf. Wir, die „Revolutionäre," die „Umstürzler," wir gedeihen weit besser bei den gesetzlichen Mitteln als bei den ungesetzlichen und dem Umsturz. Die Ordnungsparteien, wie sie sich nennen, gehen zu Grunde an dem von ihnen selbst geschaffenen gesetzlichen Zustand. Sie rufen verzweifelt mit Odilon Barrot: la legalité nous tue, die Gesetzlichkeit ist unser Tod, während wir bei dieser Gesetzlichkeit pralle Muskeln und rothe Backen bekommen und aussehen wie das ewige Leben. Und wenn wir nicht so wahnsinnig sind, ihnen zu Gefallen uns in den Straßenkampf treiben zu lassen, dann bleibt ihnen zuletzt nichts Anderes, als selbst diese ihnen so fatale Gesetzlichkeit zu durchbrechen. Einstweilen machen sie neue Gesetze gegen den Umsturz. Es ist wieder Alles auf den Kopf gestellt. Diese Fanatiker des Anti=Umsturzes von heute, sind sie nicht selbst die Umstürzer von gestern? Haben wir etwa den Bürgerkrieg von 1866 heraufbeschworen? Haben wir den König von Hannover, den Kurfürsten von Hessen, den Herzog von Nassau aus ihren angestammten, legitimen Erblanden vertrieben und diese Erblande annexirt? Und diese Umstürzer des deutschen Bundes und dreier Kronen von Gottes Gnaden beklagen sich über Umsturz? Quis tulerit Gracchos de seditione querentes? Wer könnte den Bismarckanbetern erlauben, auf den Umsturz zu schimpfen?

Mögen sie indeß ihre Umsturzvorlagen durchsetzen, sie noch verschlimmern, das ganze Strafgesetz in Kautschuk verwandeln, sie werden nichts erreichen, als den neuen Beweis ihrer Ohnmacht. Um der Sozialdemokratie ernstlich auf den Leib zu rücken, werden sie noch ganz andere Maßregeln ergreifen müssen. Dem sozialdemokratischen Umsturz, dem es grade jetzt so gut bekommt, daß er die Gesetze hält, können sie nur beikommen durch den ordnungsparteilichen Umsturz, der nicht leben kann, ohne daß er die Gesetze bricht. Herr Rößler, der preußische Bureaukrat, und Herr von Boguslawski, der preußische General, haben ihnen den einzigen Weg gezeigt, auf dem man den Arbeitern, die sich nun einmal nicht in den Straßenkampf locken lassen, vielleicht noch beikommen kann. Bruch der Verfassung, Diktatur, Rückkehr zum Absolutismus, regis voluntas suprema lex! Also nur Muth, meine Herren, hier hilft kein Maulspitzen, hier muß gepfiffen sein!

Vergessen Sie aber nicht, daß das deutsche Reich, wie alle Kleinstaaten und überhaupt alle modernen Staaten, ein Produkt des Vertrages ist; des Vertrages erstens der Fürsten untereinander, zweitens der Fürsten mit dem Volk. Bricht der eine Theil den Vertrag, so fällt der ganze Vertrag, der andere Theil ist dann auch nicht mehr gebunden.

Es sind nun fast auf's Jahr 1600 Jahre, da wirthschaftete im römischen Reich ebenfalls eine gefährliche Umsturzpartei. Sie untergrub die Religion und alle Grundlagen des Staates; sie leugnete geradezu, daß des Kaisers Wille das höchste Gesetz, sie war vaterlandlos, international, sie breitete sich aus über alle Reichslande von Gallien bis Asien, und über die Reichsgrenzen hinaus. Sie hatte lange unterirdisch, im Verborgenen gewühlt; sie hielt sich aber schon seit längerer Zeit stark genug, offen an's Licht zu treten. Diese Umsturzpartei, die unter dem Namen der Christen bekannt war, hatte auch ihre starke Vertretung im Heer; ganze Legionen waren christlich. Wenn sie zu den Opferceremonien der heidnischen Landeskirche kommandirt wurden, um dort die Honneurs zu machen, trieben die Umstürzler Soldaten die Frechheit so weit, daß sie zum Protest besondere Abzeichen — Kreuze — an ihre Helme steckten. Selbst die üblichen Kasernen Schuhriegeleien der Vorgesetzten waren fruchtlos. Der Kaiser Diocletian konnte nicht länger ruhig zusehen, wie Ordnung, Gehorsam und Zucht in seinem Heere untergraben wurden. Er griff energisch ein, weil es noch Zeit war. Er erließ ein Sozialisten= wollte sagen Christengesetz. Die Versammlungen der Umstürzler wurden verboten, ihre Saallokalitäten geschlossen oder gar niedergerissen, die christlichen Abzeichen, Kreuze ꝛc., wurden verboten wie in Sachsen die rothen Schnupftücher. Die Christen wurden für unfähig erklärt, Staatsämter zu bekleiden, nicht einmal Gefreite sollten sie werden dürfen. Da man damals noch nicht über so gut an= das „Ansehen der Person" dressirte Richter verfügte, wie Herrn von Köller's Umsturzvorlage sie voraussetzt, so verbot man den Christen kurzer Hand, sich vor Gericht ihr Recht zu holen. Auch dies Ausnahmegesetz blieb wirkungslos. Die Christen rissen es zum Hohn von den Mauern herunter, ja sie sollen dem Kaiser in Niko medien den Palast über dem Kopf angezündet haben. Da rächte sich dieser durch die große Christenverfolgung des Jahres 303 unserer Zeitrechnung. Sie war die letzte ihrer Art. Und sie war so wirk sam, daß siebzehn Jahre später die Armee überwiegend aus Christen bestand, und der nächstfolgende Selbstherrscher des gesammten Römer= reichs, Konstantin, von den Pfaffen genannt der Große, das Christen= thum proklamirte als Staatsreligion.

London, 6. März 1895.

F. Engels.

I.
Vom Februar bis Juni 1848.

(Aus Heft I.)

Mit Ausnahme einiger weniger Kapitel trägt jeder bedeutendere Abschnitt der Revolutionsannalen von 1848 bis 1849 die Ueberschrift: **Niederlage der Revolution!** Was in diesen Niederlagen erlag, war nicht die Revolution. Es waren die vorrevolutionären traditionellen Anhängsel, Resultate gesellschaftlicher Verhältnisse, die sich noch nicht zu scharfen Klassengegensätzen zugespitzt hatten — Personen, Illusionen, Vorstellungen, Projekte, wovon die revolutionäre Partei vor der Februarrevolution nicht frei war, wovon nicht der Februarsieg, sondern nur eine Reihe von Niederlagen sie befreien konnte.

Mit einem Worte: Nicht in seinen unmittelbaren tragikomischen Errungenschaften brach sich der revolutionäre Fortschritt Bahn, sondern umgekehrt in der Erzeugung einer geschlossenen, mächtigen Kontrerevolution, in der Erzeugung eines Gegners, durch dessen Bekämpfung erst die Umsturzpartei zu einer wirklich revolutionären Partei heranreifte.

Dies nachzuweisen, ist die Aufgabe der folgenden Blätter.

I. Die Juniniederlage 1848.

Nach der Julirevolution, als der liberale Bankier Lafsitte seinen Kompère, den Herzog von Orleans, im Triumph auf das Hotel de Ville geleitete, ließ er das Wort fallen: „Von nun an werden die Bankiers herrschen." Lafsitte hatte das Geheimniß der Revolution verrathen.

Nicht die französische Bourgeoisie herrschte unter Louis Philipp, sondern eine Fraktion derselben, Bankiers, Börsenkönige, Eisenbahnkönige, Besitzer von Kohlen- und Eisenbergwerken und Waldungen, ein Theil des mit ihnen ralliirten Grundeigenthums — die sogenannte Finanzaristokratie. Sie saß auf dem Throne, sie diktirte in den Kammern Gesetze, sie vergab die Staatsstellen vom Ministerium bis zum Tabaksbureau.

Die eigentlich industrielle Bourgeoisie bildete einen Theil der offiziellen Opposition, d. h. sie war in den Kammern nur als

Minorität vertreten. Ihre Opposition trat um so entschiedener hervor, je reiner sich die Alleinherrschaft der Finanzaristokratie entwickelte, und jemehr sie selbst nach den in Blut erstickten Emeuten 1832, 1834 und 1839 ihre Herrschaft über die Arbeiterklasse gesichert wähnte. Grandin, Fabrikant von Rouen, in der konstituirenden, wie in der legislativen Nationalversammlung das fanatischste Organ der bürgerlichen Reaktion, war in der Deputirtenkammer der heftigste Widersacher Guizot's. Leon Faucher, später durch seine ohnmächtigen Anstrengungen bekannt, sich zum Guizot der französischen Kontrerevolution aufzuschwingen, führte in den letzten Zeiten Louis Philipp's einen Federkrieg für die Industrie gegen die Spekulation und ihren Schleppträger, die Regierung. Bastiat agitirte im Namen von Bordeaux und des ganzen weinproduzirenden Frankreichs gegen das herrschende System.

Die kleine Bourgeoisie in allen ihren Abstufungen, ebenso die Bauernklasse waren vollständig von der politischen Macht ausgeschlossen. Es befanden sich endlich in der offiziellen Opposition oder gänzlich außerhalb des pays légal die ideologischen Vertreter und Wortführer der angeführten Klassen, ihre Gelehrten, Advokaten, Aerzte usw., mit einem Worte: ihre sogenannten Kapazitäten.

Durch ihre Finanznoth war die Julimonarchie von vornherein abhängig von der hohen Bourgeoisie, und ihre Abhängigkeit von der hohen Bourgeoisie wurde die unerschöpfliche Quelle einer wachsenden Finanznoth. Unmöglich, die Staatsverwaltung dem Interesse der nationalen Produktion unterzuordnen, ohne das Gleichgewicht im Budget herzustellen, das Gleichgewicht zwischen Staatsausgaben und Staatseinnahmen. Und wie dies Gleichgewicht herstellen ohne Beschränkung des Staatsaufwandes, d. h. ohne Interessen zu verletzen, die ebensoviele Stützen des herrschenden Systems waren, und ohne die Steuervertheilung neu zu regeln, d. h. ohne einen bedeutenden Theil der Steuerlast auf die Schultern der hohen Bourgeoisie selbst zu wälzen?

Die Verschuldung des Staats war vielmehr das direkte Interesse der durch die Kammern herrschenden und gesetzgebenden Bourgeoisfraktion. Das Staatsdefizit, es war eben der eigentliche Gegenstand ihrer Spekulation und die Hauptquelle ihrer Bereicherung. Nach jedem Jahre ein neues Defizit. Nach dem Verlaufe von vier bis fünf Jahren eine neue Anleihe. Und jede neue Anleihe bot der Finanzaristokratie neue Gelegenheit, den künstlich in der Schwebe des Bankerotts gehaltenen Staat zu prellen — er mußte unter den ungünstigsten Bedingungen mit den Bankiers kontrahiren. Jede neue Anleihe gab eine zweite Gelegenheit, das Publikum, das seine Kapitalien in Staatsrenten anlegt, durch Börsenoperationen zu plündern, in deren Geheimniß Regierung und Kammermajorität eingeweiht waren. Ueberhaupt bot der schwankende Stand des

Staatskredits und der Besitz der Staatsgeheimnisse den Bankiers wie ihren Affiliirten in den Kammern und auf dem Throne die Möglichkeit, außerordentliche, plötzliche Schwankungen im Kurse der Staatspapiere hervorzurufen, deren stetes Resultat der Ruin einer Masse kleinerer Kapitalisten sein mußte und die fabelhaft schnelle Bereicherung der großen Spieler. War das Staatsdefizit das direkte Interesse der herrschenden Bourgeoisfraktion, so erklärt es sich, wie die außerordentlichen Staatsverwendungen in den letzten Regierungsjahren Louis Philipp's bei weitem um das Doppelte die außerordentlichen Staatsverwendungen unter Napoleon überstiegen, ja beinahe jährlich die Summe von 400 Millionen Frcs. erreichten, während die jährliche Gesammtausfuhr Frankreichs im Durchschnitt sich selten zur Höhe von 750 Millionen Frcs. erhob. Die enormen Summen, die so durch die Hände des Staates flossen, gaben überdem Gelegenheit zu gaunerischen Lieferungskontrakten, Bestechungen, Unterschleifen, Spitzbübereien aller Art. Die Uebervortheilung des Staates, wie sie durch die Anleihen im Großen geschah, wiederholte sich bei den Staatsarbeiten im Detail. Das Verhältniß zwischen Kammer und Regierung vervielfältigte sich als Verhältniß zwischen den einzelnen Administrationen und den einzelnen Unternehmern.

Wie die Staatsverwendungen überhaupt und die Staatsanleihen, so exploitirte die herrschende Klasse die Eisenbahnbauten. Dem Staate wälzten die Kammern die Hauptlasten zu und der spekulirenden Finanzaristokratie sicherten sie die goldenen Früchte. Man erinnert sich der Skandale in der Deputirtenkammer, wenn es gelegentlich zum Vorschein kam, daß sämmtliche Mitglieder der Majorität, ein Theil der Minister eingerechnet, als Aktionäre bei denselben Eisenbahnbauten betheiligt waren, die sie hinterher als Gesetzgeber auf Staatskosten ausführen ließen.

Die kleinste finanzielle Reform scheiterte dagegen an dem Einflusse der Bankiers. So z. B. die Postreform. Rothschild protestirte. Durfte der Staat Einnahmequellen schmälern, aus denen seine stets wachsende Schuld zu verzinsen war?

Die Julimonarchie war nichts als eine Aktien-Kompagnie zur Exploitation des französischen Nationalreichthums, deren Dividenden sich vertheilten unter Minister, Kammern, 240 000 Wähler und ihren Anhang. Louis Philipp war der Direktor dieser Kompagnie — Robert Macaire auf dem Throne. Handel, Industrie, Ackerbau, Schifffahrt, die Interessen der industriellen Bourgeoisie mußten beständig unter diesem System gefährdet und beeinträchtigt werden. Wohlfeile Regierung, gouvernement à bon marché, hatte sie in den Julitagen auf ihre Fahne geschrieben.

Indem die Finanzaristokratie die Gesetze gab, die Staatsverwaltung leitete, über sämmtliche organisirte öffentliche Gewalten verfügte, die öffentliche Meinung durch die Thatsachen und durch die Presse beherrschte, wiederholte sich in allen Sphären, vom Hofe bis zum Café-Borgne dieselbe Prostitution, derselbe schamlose Betrug, dieselbe Sucht sich zu bereichern nicht durch die Produktion, sondern durch die Eskamotage schon vorhandenen fremden Reichthums, brach namentlich an den Spitzen der bürgerlichen Gesellschaft die schrankenlose, mit den bürgerlichen Gesetzen selbst jeden Augenblick kollidirende Geltendmachung der ungesunden und liederlichen Gelüste aus, worin der aus dem Spiele entspringende Reichthum naturgemäß seine Befriedigung sucht, wo der Genuß crapuleux wird, wo Geld, Schmutz und Blut zusammenfließen. Die Finanzaristokratie, in ihrer Erwerbsweise wie in ihren Genüssen, ist nichts als die Wiedergeburt des Lumpenproletariats auf den Höhen der bürgerlichen Gesellschaft.

Und die nicht herrschenden Fraktionen der französischen Bourgeoisie schrien Korruption! Das Volk schrie: à bas les grands voleurs! à bas les assassins! als im Jahre 1847 auf den erhabensten Bühnen der bürgerlichen Gesellschaft dieselben Szenen öffentlich aufgeführt wurden, welche das Lumpenproletariat regelmäßig in die Bordells, in die Armen- und Irrenhäuser, vor den Richter, in die Bagnos und auf das Schaffot führen. Die industrielle Bourgeoisie sah ihre Interessen gefährdet, die kleine Bourgeoisie war moralisch entrüstet, die Volksphantasie war empört, Paris war von Pamphlets überfluthet — „la dynastie Rothschild", „les juifs rois de l'époque" 2c. —, worin die Herrschaft der Finanzaristokratie mit mehr oder weniger Geist denunzirt und gebrandmarkt wurde.

Rien pour la gloire! Der Ruhm bringt nichts ein! la paix partout et toujours! Der Krieg drückt den Kurs der drei- und vierprozentigen! hatte das Frankreich der Börsenjuden auf seine Fahne geschrieben. Seine auswärtige Politik verlor sich daher in eine Reihe von Kränkungen des französischen Nationalgefühls, das um so lebhafter auffuhr, als mit der Einverleibung Krakaus in Oesterreich der Raub an Polen vollendet wurde und Guizot im schweizerischen Sonderbundskriege aktiv auf Seiten der heiligen Allianz trat. Der Sieg der schweizer Liberalen in diesem Scheinkriege hob das Selbstgefühl der bürgerlichen Opposition in Frankreich, die blutige Erhebung des Volkes zu Palermo wirkte wie ein electrischer Schlag auf die paralysirte Volksmasse und rief ihre großen revolutionären Erinnerungen und Leidenschaften wach.*)

Der Ausbruch des allgemeinen Mißbehagens wurde endlich beschleunigt, die Verstimmung zur Revolte gereift durch zwei ökonomische Weltereignisse.

---

*) Annexion von Krakau durch Oesterreich im Einverständniß mit Rußland und Preußen 11. November 1846. — Schweizer Sonderbundskrieg 4. bis 28. November 1847. — Aufstand in Palermo 12. Januar 1848, Ende Januar neuntägiges Bombardement der Stadt durch die Neapolitaner. (Diese wie alle übrigen Fußnoten rührt vom Herausgeber her. F. E.)

Die Kartoffelkrankheit und Mißernten von 1845 und 1846 steigerten die allgemeine Gährung im Volke. Die Theuerung von 1847 rief in Frankreich wie auf dem übrigen Kontinente blutige Konflikte hervor. Gegenüber den schamlosen Orgien der Finanzaristokratie der Kampf des Volkes um die ersten Lebensmittel! Zu Buzançais die Ementiers des Hungers hingerichtet, zu Paris übersättigte Escrocs den Gerichten durch die königliche Familie entrissen!

Das zweite große ökonomische Ereigniß, welches den Ausbruch der Revolution beschleunigte, war eine allgemeine Handels- und Industrie-Krise in England: schon Herbst 1845 angekündigt durch die massenhafte Niederlage der Eisenbahnaktienspekulanten, hingehalten während des Jahres 1846 durch eine Reihe von Inzidenzpunkten, wie die bevorstehende Abschaffung der Kornzölle, eklatirte sie endlich Herbst 1847 in den Bankerotten der großen Londoner Kolonialwaarenhändler, denen die Falliten der Landbanken und das Schließen der Fabriken in den englischen Industrie-Bezirken auf dem Fuße nachfolgten. Noch war die Nachwirkung dieser Krise auf dem Kontinent nicht erschöpft, als die Februar-Revolution ausbrach.

Die Verwüstung des Handels und der Industrie durch die ökonomische Epidemie machte die Alleinherrschaft der Finanzaristokratie noch unerträglicher. In ganz Frankreich rief die oppositionelle Bourgeoisie die Bankettagitation für eine Wahlreform hervor, welche ihr die Majorität in den Kammern erobern und das Ministerium der Börse stürzen sollte. Zu Paris hatte die industrielle Krisis noch speziell die Folge, eine Masse Fabrikanten und Großhändler, die auf dem auswärtigen Markte unter den gegenwärtigen Umständen keine Geschäfte mehr machen konnten, auf den inneren Handel zu werfen. Sie errichteten große Etablissements, deren Konkurrenz Epiciers und Boutiquiers massenhaft ruinirte. Daher eine Unzahl Falliten in diesem Theile der Pariser Bourgeoisie, daher ihr revolutionäres Auftreten im Februar. Es ist bekannt, wie Guizot und die Kammern die Reformvorschläge mit einer unzweideutigen Herausforderung beantworteten, wie Louis Philipp sich zu spät zu einem Ministerium Barrot entschloß, wie es zum Handgemenge zwischen dem Volke und der Armee kam, wie die Armee durch die passive Haltung der Nationalgarde entwaffnet wurde, wie die Julimonarchie einer provisorischen Regierung den Platz räumen mußte.

Die provisorische Regierung, die sich auf den Februarbarrikaden erhob, spiegelte in ihrer Zusammensetzung nothwendig die verschiedenen Parteien ab, worunter sich der Sieg vertheilte. Sie konnte nichts Anderes sein als ein Kompromiß der verschiedenen Klassen, die gemeinsam den Julithron umgestürzt, deren Interessen sich aber feindlich gegenüberstanden. Ihre große Majorität bestand aus Vertretern der Bourgeoisie. Das republitanische Kleinbürgerthum vertreten in Ledru Rollin und Flocon, die republikanische Bourgeoisie in den Leuten vom National, die dynastische Opposition in Crémieux, Dupont de l'Eure usw. Die Arbeiterklasse besaß nur zwei Repräsentanten, Louis Blanc und Albert. Lamartine endlich in der provisorischen Regierung, das war zunächst kein wirkliches Interesse, keine bestimmte Klasse, das war die Februarrevolution selbst, die gemeinsame Erhebung mit ihren Illusionen, ihrer Poesie, ihrem eingebildeten Inhalt und ihren Phrasen. Uebrigens gehörte der Wortführer der Februarrevolution, seiner Stellung wie seinen Ansichten nach, der Bourgeoisie an.

Wenn Paris infolge der politischen Centralisation Frankreich beherrscht, beherrschen die Arbeiter in Augenblicken revolutionärer Erdbeben Paris. Der erste Lebensakt der provisorischen Regierung war der Versuch, sich diesem überwältigenden Einflusse zu entziehen durch einen Appell von dem trunkenen Paris an das nüchterne Frankreich. Lamartine bestritt den Barrikadenkämpfern das Recht, die Republik auszurufen, dazu sei nur die Majorität der Franzosen befugt; ihre Stimmgebung sei abzuwarten, das Pariser Proletariat dürfe seinen Sieg nicht beflecken durch eine Usurpation. Die Bourgeoisie erlaubt dem Proletariat nur eine Usurpation — die des Kampfes.

Um die Mittagsstunde des 25. Februar war die Republik noch nicht ausgerufen, waren dagegen sämmtliche Ministerien schon vertheilt unter die bürgerlichen Elemente der provisorischen Regierung und unter die Generäle, Bankiers und Advokaten des „National". Aber die Arbeiter waren entschlossen, diesmal keine ähnliche Eskamotage zu dulden wie im Juli 1830. Sie waren bereit, von Neuem den Kampf aufzunehmen und die Republik durch Waffengewalt zu erzwingen. Mit dieser Botschaft begab sich Raspail auf das Hotel de Ville. Im Namen des Pariser Proletariats befahl er der provisorischen Regierung, die Republik auszurufen; sei dieser Befehl des Volkes im Laufe von zwei Stunden nicht vollstreckt, so werde er an der Spitze von 200 000 Mann zurückkehren. Noch waren die Leichen der Gefallenen kaum erkaltet, die Barrikaden nicht weggeräumt, die Arbeiter nicht entwaffnet und die einzige Macht, die man ihnen entgegenstellen konnte, war die Nationalgarde. Unter diesen Umständen verschwanden plötzlich die staatsklugen Bedenken und juristischen Gewissensskrupel der provisorischen Regierung. Die Frist von zwei Stunden war nicht abgelaufen, und schon prangten an allen Mauern von Paris die historischen Riesenworte:

République française! Liberté, Egalité, Fraternité!

Mit der Proklamation der Republik auf der Grundlage des allgemeinen Wahlrechts war selbst die Erinnerung an die beschränkten Zwecke und Motive ausgelöscht, welche die Bourgeoisie in die Februarrevolution gejagt hatten. Statt einiger weniger Fraktionen des

Bürgerthums sämmtliche Klassen der französischen Gesellschaft plötzlich in den Kreis der politischen Macht hineingeschleudert, gezwungen, die Logen, das Parterre, die Gallerie zu verlassen und in eigener Person auf der revolutionären Bühne mitzuspielen! Mit dem konstitutionellen Königthum auch der Schein einer eigenmächtig der bürgerlichen Gesellschaft gegenüberstehenden Staatsmacht verschwunden und die ganze Reihe von untergeordneten Kämpfen, welche diese Scheinmacht herausfordert!

Das Proletariat, indem es der provisorischen Regierung, und durch die provisorische Regierung ganz Frankreich die Republik diktirte, trat sofort als selbstständige Partei in den Vordergrund, aber es forderte zugleich das ganze bürgerliche Frankreich gegen sich in die Schranken. Was es eroberte, war das Terrain für den Kampf um seine revolutionäre Emanzipation, keineswegs diese Emanzipation selbst.

Die Februarrepublik mußte zunächst vielmehr die Herrschaft der Bourgeoisie vervollständigen, indem sie neben der Finanzaristokratie sämmtliche besitzenden Klassen in den Kreis der politischen Macht eintreten ließ. Die Majorität der großen Grundbesitzer, die Legitimisten wurden von der politischen Nichtigkeit emanzipirt, wozu die Julimonarchie sie verurtheilt hatte. Nicht umsonst hatte die Gazette de France gemeinsam mit den Oppositionsblättern agitirt, nicht umsonst Larochejaquelin in der Sitzung der Deputirtenkammer vom 24. Februar die Partei der Revolution ergriffen. Durch das allgemeine Wahlrecht wurden die nominellen Eigenthümer, welche die große Majorität der Franzosen bilden, die Bauern, zu Schiedsrichtern über das Schicksal Frankreichs eingesetzt. Die Februarrepublik ließ endlich die Bourgeoisherrschaft rein hervortreten, indem sie die Krone abschlug, hinter der sich das Kapital versteckt hielt.

Wie die Arbeiter in den Julitagen die bürgerliche Monarchie, hatten sie in den Februartagen die bürgerliche Republik erkämpft. Wie die Julimonarchie gezwungen war, sich anzukündigen als eine Monarchie, umgeben von republikanischen Institutionen, so die Februarrepublik als eine Republik, umgeben von sozialen Institutionen. Das Pariser Proletariat erzwang auch diese Konzession.

Marche, ein Arbeiter, diktirte das Dekret, worin die eben erst gebildete provisorische Regierung sich verpflichtete, die Existenz der Arbeiter durch die Arbeit sicher zu stellen, allen Bürgern Arbeit zu verschaffen usw. Und als sie wenige Tage später ihre Versprechungen vergaß und das Proletariat aus den Augen verloren zu haben schien, marschirte eine Masse von 20000 Arbeitern auf das Hotel de Ville mit dem Rufe: Organisation der Arbeit! Bildung eines eigenen Ministeriums der Arbeit! Widerstrebend und nach langen Debatten ernannte die provisorische Regierung eine permanente Spezialkommission, beauftragt, die Mittel zur Verbesserung der arbeitenden Klassen auszufinden! Diese Kommission wurde gebildet aus Delegirten der Pariser Handwerkskorporationen und präsidirt von Louis Blanc und Albert. Das Luxemburg wurde ihr als Sitzungssaal angewiesen. So waren die Vertreter der Arbeiterklasse von dem Sitze der provisorischen Regierung verbannt, der bürgerliche Theil derselben behielt die wirkliche Staatsmacht und die Zügel der Verwaltung ausschließlich in den Händen, und neben den Ministerien der Finanzen, des Handels, der öffentlichen Arbeiten, neben der Bank und der Börse erhob sich eine sozialistische Synagoge, deren Hohepriester, Louis Blanc und Albert, die Aufgabe hatten, das gelobte Land zu entdecken, das neue Evangelium zu verkünden und das Pariser Proletariat zu beschäftigen. Zum Unterschiede von jeder profanen Staatsmacht stand ihnen kein Budget, keine exekutive Gewalt zur Verfügung. Mit dem Kopfe sollten sie die Grundpfeiler der bürgerlichen Gesellschaft einrennen. Während das Luxemburg den Stein der Weisen suchte, schlug man im Hotel de Ville die kurshabende Münze.

Und dennoch, die Ansprüche des Pariser Proletariats, so weit sie über die bürgerliche Republik hinausgingen, sie konnten keine andere Existenz gewinnen, als die nebelhafte des Luxemburg.

Gemeinsam mit der Bourgeoisie hatten die Arbeiter die Februarrevolution gemacht, neben der Bourgeoisie suchten sie ihre Interessen durchzusetzen, wie sie in der provisorischen Regierung selbst neben die bürgerliche Majorität einen Arbeiter installirt hatten. Organisation der Arbeit! Aber die Lohnarbeit, das ist die vorhandene, bürgerliche Organisation der Arbeit. Ohne sie kein Kapital, keine Bourgeoisie, keine bürgerliche Gesellschaft. Ein eigenes Ministerium der Arbeit! Aber die Ministerien der Finanzen, des Handels, der öffentlichen Arbeiten, sind sie nicht die bürgerlichen Ministerien der Arbeit? und neben ihnen ein proletarisches Ministerium der Arbeit, es müßte ein Ministerium der Ohnmacht sein, ein Ministerium der frommen Wünsche, eine Kommission des Luxemburg. Wie die Arbeiter glaubten, neben der Bourgeoisie sich zu emanzipiren, so meinten sie, neben den übrigen Bourgeoisnationen innerhalb der nationalen Wände Frankreichs eine proletarische Revolution vollziehen zu können. Aber die französischen Produktionsverhältnisse sind bedingt durch den auswärtigen Handel Frankreichs, durch seine Stellung auf dem Weltmarkt und die Gesetze desselben; wie sollte Frankreich sie brechen ohne einen europäischen Revolutionskrieg, der auf den Despoten des Weltmarkts, England, zurückschlüge?

Eine Klasse, worin sich die revolutionären Interessen der Gesellschaft konzentriren, sobald sie sich erhoben hat, findet unmittelbar in ihrer eigenen Lage den Inhalt und das Material ihrer revolutionären Thätigkeit: Feinde niederzuschlagen, durch das Bedürfniß des Kampfes gegebene Maßregeln zu ergreifen, die Konsequenzen ihrer eigenen Thaten treiben sie weiter. Sie stellt keine theoretischen Untersuchungen über ihre eigene Aufgabe an. Die französische Arbeiterklasse befand sich nicht auf diesem Standpunkte, sie war noch unfähig, ihre eigene Revolution durchzuführen.

Die Entwicklung des industriellen Proletariats ist überhaupt bedingt durch die Entwicklung der industriellen Bourgeoisie. Unter ihrer Herrschaft gewinnt es erst die ausgedehnte nationale Existenz, die seine Revolution zu einer nationalen erheben kann, schafft es selbst erst die modernen Produktionsmittel, welche eben so viele Mittel seiner revolutionären Befreiung werden. Ihre Herrschaft reißt erst die materiellen Wurzeln der feudalen Gesellschaft aus und ebnet das Terrain, worauf allein eine proletarische Revolution möglich ist. Die französische Industrie ist ausgebildeter und die französische Bourgeoisie revolutionärer entwickelt als die des übrigen Kontinents. Aber die Februarrevolution, war sie nicht unmittelbar gegen die Finanzaristokratie gerichtet? Diese Thatsache bewies, daß die industrielle Bourgeoisie Frankreich nicht beherrschte. Die industrielle Bourgeoisie kann nur da herrschen, wo die moderne Industrie alle Eigenthumsverhältnisse sich gemäß gestaltet, und nur da kann die Industrie diese Gewalt gewinnen, wo sie den Weltmarkt erobert hat, denn die nationalen Grenzen genügen ihrer Entwicklung nicht. Frankreichs Industrie aber, zum großen Theile, behauptet selbst den nationalen Markt nur durch ein mehr oder minder modifizirtes Prohibitivsystem. Wenn das französische Proletariat daher in dem Augenblicke einer Revolution zu Paris eine faktische Gewalt und einen Einfluß besitzt, die es zu einem Anlaufe über seine Mittel hinaus anspornen, so ist es in dem übrigen Frankreich an einzelnen zerstreuten industriellen Centralpunkten zusammengedrängt, fast verschwindend unter einer Ueberzahl von Bauern und Kleinbürgern. Der Kampf gegen das Kapital in seiner entwickelten modernen Form, in seinem Springpunkt, der Kampf des industriellen Lohnarbeiters gegen den industriellen Bourgeois ist in Frankreich ein partielles Faktum, das nach den Februartagen um so weniger den nationalen Inhalt der Revolution abgeben konnte, als der Kampf gegen die untergeordneten Exploitationsweisen des Kapitals, der Bauern gegen den Wucher in der Hypothek, des Kleinbürgers gegen den Großhändler, Bankier und Fabrikanten, mit einem Worte gegen den Bankerott, noch eingehüllt war in die allgemeine Erhebung gegen die allgemeine Finanzaristokratie. Nichts erklärlicher also, als daß das Pariser Proletariat sein Interesse neben dem bürgerlichen durchzusetzen suchte, statt es als das revolutionäre Interesse der Gesellschaft selbst zur Geltung zu bringen, daß es die rothe Fahne vor der trifoloren fallen ließ. Die französischen Arbeiter konnten keinen Schritt vorwärts thun, kein Haar der bürgerlichen Ordnung krümmen, bevor der Gang der Revolution die zwischen dem Proletariat und der Bourgeoisie stehende Masse der Nation, Bauern und Kleinbürger nicht gegen diese Ordnung, gegen die Herrschaft des Kapitals empört, sie gezwungen hatte, sich den Proletariern als ihren Vorkämpfern anzuschließen. Nur durch die ungeheure Niederlage im Juni konnten die Arbeiter diesen Sieg erkaufen.

Der Kommission des Luxemburg, diesem Geschöpfe der Pariser Arbeiter, bleibt das Verdienst, das Geheimniß der Revolution des neunzehnten Jahrhunderts von einer europäischen Tribüne herab verrathen zu haben: die Emanzipation des Proletariats. Der Moniteur wüthete, als er die „wilden Schwärmereien" offiziell propagiren mußte, die bisher vergraben lagen in den apokryphischen Schriften der Sozialisten und nur von Zeit zu Zeit als ferne, halb fürchterliche, halb lächerliche Sagen an das Ohr der Bourgeoisie anschlugen. Europa fuhr überrascht aus seinem bürgerlichen Halbschlummer auf. In der Idee der Proletarier also, welche die Finanzaristokratie mit der Bourgeoisie überhaupt verwechselten; in der Einbildung republikanischer Biedermänner, welche die Existenz selbst der Klassen leugneten oder höchstens als Folge der konstitutionellen Monarchie zugaben: in den heuchlerischen Phrasen der bisher von der Herrschaft ausgeschlossenen bürgerlichen Fraktionen war die **Herrschaft der Bourgeoisie abgeschafft mit der Einführung der Republik.** Alle Royalisten verwandelten sich damals in Republikaner und alle Millionäre von Paris in Arbeiter. Die Phrase, welche dieser eingebildeten Aufhebung der Klassenverhältnisse entsprach, war die fraternité, die allgemeine Verbrüderung und Brüderschaft. Diese gemüthliche Abstraktion von den Klassengegensätzen, diese sentimentale Ausgleichung der sich widersprechenden Klasseninteressen, diese schwärmerische Erhebung über den Klassenkampf, die fraternité, sie war das eigentliche Stichwort der Februarrevolution. Die Klassen waren durch ein bloßes Mißverständniß gespalten und Lamartine taufte die provisorische Regierung am 24. Februar: „un gouvernement qui suspende ce malentendu terrible qui existe entre les différentes classes." Das Pariser Proletariat schwelgte in diesem großmüthigen Fraternitätsrausche.

Die provisorische Regierung ihrerseits, einmal gezwungen, die Republik zu proklamiren, that Alles, um sie der Bourgeoisie und den Provinzen annehmbar zu machen. Die blutigen Schrecken der ersten französischen Republik wurden desavouirt durch die Abschaffung der Todesstrafe für politische Verbrechen, die Presse wurde allen Meinungen freigegeben, die Armee, die Gerichte, die Administration blieben mit wenigen Ausnahmen in den Händen ihrer alten Würdenträger, keiner der großen Schuldigen der Julimonarchie wurde zur Rechenschaft gezogen. Die bürgerlichen Republikaner des „National"

amüsirten, sich damit, monarchische Namen und Kostüme mit alt=
republikanischen zu vertauschen. Für sie war die Republik nichts
als ein neuer Ballanzug für die alte bürgerliche Gesellschaft. Ihr
Hauptverdienst suchte die junge Republik darin, nicht abzuschrecken,
vielmehr selbst beständig zu erschrecken, und durch die weiche Nach=
giebigkeit und Widerstandslosigkeit ihrer Existenz Existenz zu ge=
winnen und den Widerstand zu entwaffnen. Den privilegirten Klassen
im Innern, den despotischen Mächten nach Außen wurde laut verkündet, die Republik sei friedfertiger Natur. Leben und leben lassen
sei ihr Motto. Es kam hinzu, daß kurz nach der Februarrevolution
Deutsche, Polen, Oesterreicher, Ungarn, Italiener, jedes Volk seiner
unmittelbaren Situation gemäß revoltirte. Rußland und England
waren, letzteres selbst bewegt, und das andere eingeschüchtert, nicht
vorbereitet. Die Republik fand also vor sich keinen nationalen
Feind. Also keine großartigen auswärtigen Verwickelungen, welche
die Thatkraft entzünden, den revolutionären Prozeß beschleunigen,
die provisorische Regierung vorwärts treiben oder über Bord werfen
konnten. Das Pariser Proletariat, das in der Republik seine eigene
Schöpfung erkannte, akklamirte natürlich jedem Akt der provisorischen
Regierung, der sie leichter in der bürgerlichen Gesellschaft Platz
greifen ließ. Von Caussidière ließ es sich willig zu Polizeidiensten
verwenden, um das Eigenthum in Paris zu beschützen, wie es die
Lohnzwiste zwischen Arbeitern und Meistern von Louis Blanc
schlichten ließ. Es war sein Point d'honneur, vor den Augen von
Europa die bürgerliche Ehre der Republik unangetastet zu erhalten.

Die Republik fand keinen Widerstand, weder von Außen noch
von Innen. Damit war sie entwaffnet. Ihre Aufgabe bestand
nicht mehr darin, die Welt revolutionär umzugestalten, sie bestand
nur noch darin, sich den Verhältnissen der bürgerlichen Gesellschaft
anzupassen. Mit welchem Fanatismus sich die provisorische Re=
gierung dieser Aufgabe unterzog, dafür giebt es keine sprechenderen
Zeugnisse als ihre finanziellen Maßregeln.

Der öffentliche Kredit und der Privatkredit waren
natürlich erschüttert. Der öffentliche Kredit beruht auf dem
Vertrauen, daß sich der Staat durch die Juden der Finanz exploitiren
läßt. Aber der alte Staat war verschwunden, und die Revolution
war vor allem gegen die Finanzaristokratie gerichtet. Die Schwing=
ungen der letzten europäischen Handelskrise hatten noch nicht aus=
geschlagen. Noch folgten Bankerotte auf Bankerotte.

Der Privatkredit war also paralysirt, die Cirkulation gehemmt,
die Produktion gestockt, ehe die Februarrevolution ausbrach. Die
revolutionäre Krise steigerte die kommerzielle. Und wenn der Privat=
kredit auf dem Vertrauen beruht, daß die bürgerliche Produktion in
dem ganzen Umfange ihrer Verhältnisse, daß die bürgerliche Ordnung
unangetastet und unantastbar ist, wie mußte eine Revolution wirken,

welche die Grundlage der bürgerlichen Produktion, die ökonomische Sklaverei des Proletariats in Frage stellte, welche der Börse gegenüber die Sphinx des Laremburg aufrichtete? Die Erhebung des Proletariats, das ist die Abschaffung des bürgerlichen Kredits: denn es ist die Abschaffung der bürgerlichen Produktion und ihrer Ordnung. Der öffentliche Kredit und der Privatkredit sind der ökonomische Thermometer, woran man die Intensität einer Revolution messen kann. In demselben Grade, worin sie fallen, steigt die Gluth und die Zeugungskraft der Revolution.

Die provisorische Regierung wollte der Republik den antibürgerlichen Schein abstreifen. Sie mußte daher vor allem den Tauschwerth dieser neuen Staatsform, ihren Kurs auf der Börse zu sichern suchen. Mit dem Preiscourant der Republik auf der Börse hob sich nothwendig wieder der Privatkredit.

Um selbst den Verdacht zu beseitigen, als wolle oder könne sie den von der Monarchie übernommenen Verpflichtungen nicht nachkommen, um an die bürgerliche Moral und Zahlungsfähigkeit der Republik glauben zu machen, nahm die provisorische Regierung zu einer ebenso würdelosen als kindischen Renommage ihre Zuflucht. Vor dem gesetzlichen Zahlungstermin zahlte sie den Staatsgläubigern die Zinsen der 5%, 4½%, 4% aus. Das bürgerliche Aplomb, das Selbstgefühl der Kapitalisten erwachte plötzlich, als sie die ängstliche Hast sahen, womit man ihr Vertrauen zu erkaufen suchte.

Die Geldverlegenheit der provisorischen Regierung verminderte sich natürlich nicht durch einen Theaterstreich, der sie des vorräthigen baaren Geldes beraubte. Die Finanzklemme war nicht länger zu verbergen, und Kleinbürger, Dienstboten, Arbeiter mußten die angenehme Ueberraschung zahlen, welche man den Staatsgläubigern bereitet hatte.

Die Sparkassenbücher über den Betrag von 100 Frcs. hinaus wurden für nicht mehr in Geld einwechselbar erklärt. Die in den Sparkassen niedergelegten Summen wurden konfiszirt und durch ein Dekret in eine nicht rückzahlbare Staatsschuld verwandelt. Damit wurde der ohnehin bedrängte Kleinbürger gegen die Republik erbittert. Indem er an die Stelle seiner Sparkassenbücher Staatsschuldscheine erhielt, wurde er gezwungen, auf die Börse zu gehen, um sie zu verkaufen und sich so direkt in die Hände der Börsenjuden zu liefern, gegen die er die Februarrevolution gemacht hatte.

Die Finanzaristokratie, welche unter der Julimonarchie herrschte, hatte ihre Hochkirche in der Bank. Wie die Börse den Staatskredit regiert, so die Bank den Handelskredit.

Durch die Februarrevolution direkt bedroht, nicht nur in ihrer Herrschaft, sondern in ihrer Existenz, suchte die Bank von vornherein die Republik zu diskreditiren, indem sie die Kreditlosigkeit allgemein machte. Den Bankiers, den Fabrikanten, den Kaufleuten kündigte sie plötzlich den Kredit auf. Dieses Manöver, indem es nicht sofort eine Kontrerevolution hervorrief, schlug nothwendig auf die Bank selbst zurück. Die Kapitalisten zogen das Geld zurück, das sie in den Kellern der Bank niedergelegt hatten. Die Inhaber von Banknoten stürzten an ihre Kasse, um sie gegen Gold und Silber auszuwechseln.

Ohne gewaltsame Einmischung, auf legale Weise konnte die provisorische Regierung die Bank zum Bankerott zwingen; sie hatte sich nur passiv zu verhalten und die Bank ihrem Schicksale zu überlassen. Der Bankerott der Bank — das war die Sündfluth, welche die Finanzaristokratie, die mächtigste und gefährlichste Feindin der Republik, das goldene Piedestal der Julimonarchie, in einem Nu von dem französischen Boden wegfegte. Und die Bank einmal bankerott, mußte die Bourgeoisie selbst es als einen letzten verzweifelten Rettungsversuch betrachten, wenn die Regierung eine Nationalbank schuf und den nationalen Kredit der Kontrole der Nation unterwarf.

Die provisorische Regierung gab dagegen den Noten der Bank Zwangskurs. Sie that mehr. Sie verwandelte alle Provinzialbanken in Zweiginstitute der Banque de France und ließ sie ihr Netz über ganz Frankreich auswerfen. Sie versetzte ihr später die Staatswaldungen als Garantie für eine Anleihe, die sie bei ihr kontrahirte. So befestigte und erweiterte die Februarrevolution unmittelbar die Bankokratie, die sie stürzen sollte.

Unterdessen krümmte sich die provisorische Regierung unter dem Alp eines wachsenden Defizits. Vergebens bettelte sie um patriotische Opfer. Nur die Arbeiter warfen ihr Almosen hin. Es mußte zu einem heroischen Mittel geschritten werden, zur Ausschreibung einer neuen Steuer. Aber wen besteuern? Die Börsenwölfe, die Bankkönige, die Staatsgläubiger, die Rentiers, die Industriellen? Das war kein Mittel, die Republik bei der Bourgeoisie einzuschmeicheln. Das hieß von der einen Seite den Staatskredit und den Handelskredit gefährden, während man ihn von der anderen Seite mit so großen Opfern und Demüthigungen zu erkaufen suchte. Aber Jemand mußte blechen. Wer wurde dem bürgerlichen Kredit geopfert? Jacques le bonhomme, der Bauer.

Die provisorische Regierung schrieb eine Zusatzsteuer von 45 Cts. pro Frank auf die vier direkten Steuern aus. Dem Pariser Proletariat schwindelte die Regierungspresse vor, diese Steuer falle vorzugsweise auf das große Grundeigenthum, auf die Inhaber der von der Restauration oktroyirten Milliarde. In der Wirklichkeit traf sie aber vor Allen die Bauernklasse, d. h. die große Majorität des französischen Volkes. Sie mußten die Kosten der Februarrevolution zahlen, an ihnen gewann die Kontrerevolution ihr Hauptmaterial. Die 45 Centimes-Steuer, das war eine Lebensfrage für den französischen Bauer, er machte sie zur Lebensfrage für die

Republik. Die Republik für den französischen Bauer, das war von diesem Augenblicke an die 45 Centimes Steuer und in dem Pariser Proletariat erblickte er den Verschwender, der sich auf seine Kosten gemüthlich that.

Während die Revolution von 1789 damit begann, den Bauern die Feudallasten abzuschütteln, kündigte sich die Revolution von 1848, um das Kapital nicht zu gefährden und seine Staatsmaschine im Gange zu halten, mit einer neuen Steuer bei der Landbevölkerung an.

Nur durch ein Mittel konnte die provisorische Regierung alle diese Ungelegenheiten beseitigen und den Staat aus seiner alten Bahn herausschleudern — durch die Erklärung des Staats bankerotts. Man erinnert sich, wie Ledru-Rollin in der National versammlung nachträglich die tugendhafte Entrüstung rezitirte, womit er diese Zumuthung des Börsenjuden Fould, jetzigen französischen Finanzministers, von sich abwies. Fould hatte ihm den Apfel vom Baume der Erkenntniß gereicht.

Indem die provisorische Regierung die Wechsel anerkannte, welche die alte bürgerliche Gesellschaft auf den Staat gezogen hatte, war sie ihr verfallen. Sie war zum bedrängten Schuldner der bürgerlichen Gesellschaft geworden, statt ihr als drohender Gläubiger gegenüberzustehen, der vieljährige revolutionäre Schuldforderungen einzukassiren hatte. Sie mußte die wankenden bürgerlichen Verhältnisse befestigen, um Verpflichtungen nachzukommen, die nur innerhalb dieser Verhältnisse zu erfüllen sind. Der Kredit wird zu ihrer Lebensbedingung und die Konzessionen an das Proletariat, die ihm gemachten Verheißungen, zu eben so vielen Fesseln, die gesprengt werden mußten. Die Emanzipation der Arbeiter — selbst als Phrase — wurde zu einer unerträglichen Gefahr für die neue Republik, denn sie war eine beständige Protestation gegen die Herstellung des Kredits, der auf der ungestörten und ungetrübten Anerkennung der bestehenden ökonomischen Klassenverhältnisse beruht. Es mußte also mit den Arbeitern geendet werden.

Die Februarrevolution hatte die Armee aus Paris hinausgeworfen. Die Nationalgarde, d. h. die Bourgeoisie in ihren verschiedenen Abstufungen bildete die einzige Macht. Allein fühlte sie sich indeß dem Proletariat nicht gewachsen. Ueberdem war sie gezwungen, wenn gleich nach dem zähesten Widerstande, hundert verschiedene Hindernisse entgegenhaltend, allmälig und bruchweise ihre Reihen zu öffnen und bewaffnete Proletarier in dieselben eintreten zu lassen. Es blieb also nur ein Ausweg übrig: **einen Theil der Proletarier dem anderen entgegenzustellen.**

Zu diesem Zwecke bildete die provisorische Regierung 24 Bataillone **Mobilgarden**, jedes zu tausend Mann, aus jungen Leuten von 15 bis 20 Jahren. Sie gehörten großentheils dem Lumpenproletariat an, das in allen großen Städten eine vom industriellen

Proletariat genau unterschiedene Masse bildet, ein Rekrutirplatz für Diebe und Verbrecher aller Art, von den Abfällen der Gesellschaft lebend, Leute ohne bestimmten Arbeitszweig, Herumtreiber, gens sans feu et sans aveu, verschieden nach dem Bildungsgrade der Nation, der sie angehören, nie den Lazzaronicharakter verleugnend; in dem jugendlichen Alter, worin die provisorische Regierung sie rekrutirte, durchaus bestimmbar, der größten Heldenthaten und der exaltirtesten Aufopferung fähig, wie der gemeinsten Banditenstreiche und der schmutzigsten Bestechlichkeit. Die provisorische Regierung zahlte ihnen pro Tag 1 Frcs. 50 Cts., d. h. sie erkaufte sie. Sie gab ihnen eigene Uniform, d. h. sie unterschied sie äußerlich von der Blouse. Zu Führern wurden ihnen theils Offiziere aus dem stehenden Heere zugeordnet, theils wählten sie selbst junge Bourgeoissöhne, deren Rodomontaden vom Tode für's Vaterland und Hingebung für die Republik sie bestachen.

So stand dem Pariser Proletariat eine aus seiner eigenen Mitte gezogene Armee von 24 000 jugendlich kräftigen, tollkühnen Männern gegenüber. Es schrie der Mobilgarde auf ihren Zügen durch Paris Vivats! zu. Es erkannte in ihr seine Vorkämpfer auf den Barrikaden. Es betrachtete sie als die proletarische Garde im Gegensatze zur bürgerlichen Nationalgarde. Sein Irrthum war verzeihlich.

Neben der Mobilgarde beschloß die Regierung noch eine industrielle Arbeiterarmee um sich zu schaaren. Hunderttausend durch die Krise und die Revolution auf das Pflaster geworfene Arbeiter einrollirte der Minister Marie in sogenannte Nationalateliers. Unter diesem prunkenden Namen versteckte sich nichts anderes als die Verwendung der Arbeiter zu langweiligen, eintönigen, unproduktiven Erdarbeiten für einen Arbeitslohn von 23 Sous. Englische Workhouses im Freien — weiter waren diese Nationalateliers Nichts. In ihnen glaubte die provisorische Regierung eine zweite proletarische Armee gegen die Arbeiter selbst gebildet zu haben. Diesmal irrte sich die Bourgeoisie in den Nationalateliers, wie sich die Arbeiter in der Mobilgarde irrten. Sie hatte eine Armee für die Emeute geschaffen.

Aber ein Zweck war erreicht.

Nationalateliers — das war der Name der Volkswerkstätten, die Louis Blanc im Luxemburg predigte. Die Ateliers Marie's, im direkten Gegensatze zum Luxemburg entworfen, boten durch die gemeinsame Firma den Anlaß zu einer Intrigue der Irrungen, würdig der spanischen Bedientenkomödie. Die provisorische Regierung selbst verbreitete unter der Hand das Gerücht, diese Nationalateliers seien die Erfindung Louis Blanc's, und es schien dies um so glaublicher, als Louis Blanc, der Prophet der Nationalateliers, Mitglied der provisorischen Regierung war. Und in der halbnaiven, halb absichtlichen Verwechselung der Pariser Bourgeoisie, in der künstlich unterhaltenen Meinung Frankreichs, Europas, waren jene workhouses die erste Verwirklichung des Sozialismus, der mit ihnen an den Pranger gestellt wurde.

Nicht durch ihren Inhalt, aber durch ihren Titel waren die Nationalateliers die verkörperte Protestation des Proletariats gegen die bürgerliche Industrie, den bürgerlichen Kredit und die bürgerliche Republik. Auf sie wälzte sich also der ganze Haß der Bourgeoisie. In ihnen hatte sie zugleich den Punkt gefunden, worauf sie den Angriff richten konnte, sobald sie genug erstarkt war, offen mit den Februar-Illusionen zu brechen. Alles Unbehagen, aller Mißmuth der Kleinbürger richtete sich gleichzeitig auf diese Nationalateliers, die gemeinsame Zielscheibe. Mit wahrem Grimme berechneten sie die Summen, welche die proletarischen Tagediebe verschlangen, während ihre eigene Lage täglich unerträglicher wurde. Eine Staatspension für eine Scheinarbeit, das ist der Sozialismus! knurrten sie in sich hinein. Die Nationalateliers, die Deklamationen des Luxemburg, die Züge der Arbeiter durch Paris — in ihnen suchten sie den Grund ihrer Misère. Und Niemand fanatisirte sich mehr gegen die angeblichen Machinationen der Kommunisten als der Kleinbürger, der rettungslos am Abgrunde des Bankerotts schwebte.

So waren im bevorstehenden Handgemenge zwischen Bourgeoisie und Proletariat alle Vortheile, alle entscheidenden Posten, alle Mittelschichten der Gesellschaft in den Händen der Bourgeoisie zur selben Zeit, als die Wellen der Februarrevolution über dem ganzen Kontinent hoch zusammenschlugen und jede neue Post ein neues Revolutionsbulletin brachte, bald aus Italien, bald aus Deutschland, bald aus dem fernsten Südosten von Europa, und den allgemeinen Taumel des Volkes unterhielt, ihm beständige Zeugnisse eines Sieges bringend, den es schon verwirkt hatte.

Der 17. März und der 16. April waren die ersten Plänklergefechte in dem großen Klassenkampfe, den die bürgerliche Republik unter ihren Fittichen verbarg.

Der 17. März offenbarte die zweideutige, keine entscheidende That zulassende Situation des Proletariats. Seine Demonstration bezweckte ursprünglich, die provisorische Regierung auf die Bahn der Revolution zurückzuwerfen, nach Umständen die Ausschließung ihrer bürgerlichen Glieder zu bewirken, und die Aufschiebung der Wahltage für die Nationalversammlung und die Nationalgarde zu erzwingen. Aber am 16. März machte die in der Nationalgarde vertretene Bourgeoisie eine der provisorischen Regierung feindselige Demonstration. Unter dem Rufe: à bas Ledru-Rollin! drang sie zum Hotel de Ville. Und das Volk war gezwungen am 17. März zu rufen: Es lebe Ledru-Rollin! Es lebe die provisorische Regierung! Es war gezwungen, gegen das Bürgerthum, die Partei der bürger=

lichen Republik zu ergreifen, die ihm in Frage gestellt schien. Es befestigte die provisorische Regierung, statt sie sich zu unterwerfen. Der 17. März verpuffte in eine melodramatische Szene, und wenn das Pariser Proletariat an diesem Tage noch einmal seinen Riesenleib zur Schau trug, war die Bourgeoisie innerhalb und außerhalb der provisorischen Regierung um so entschlossener, ihn zu brechen.

Der 16. April war ein durch die provisorische Regierung mit der Bourgeoisie veranstaltetes Mißverständniß. Die Arbeiter hatten sich zahlreich auf dem Marsfelde versammelt und im Hippodrom, um ihre Wahlen für den Generalstab der Nationalgarde vorzubereiten. Plötzlich verbreitete sich in ganz Paris, von einem Ende bis zum anderen, mit Blitzesschnelle das Gerücht, die Arbeiter hätten sich im Marsfeld bewaffnet versammelt, unter der Anführung Louis Blanc's, Blanqui's, Cabet's und Raspail's, um von da auf das Hotel de Ville zu ziehen, die provisorische Regierung zu stürzen und eine kommunistische Regierung zu proklamiren. Der Generalmarsch wird geschlagen — Ledru-Rollin, Marrast, Lamartine machten sich später die Ehre seiner Initiative streitig - in einer Stunde stehen 100 000 Mann unter den Waffen, das Hotel de Ville ist an allen Punkten von Nationalgarden besetzt, der Ruf: Nieder mit den Kommunisten! Nieder mit Louis Blanc, mit Blanqui, mit Raspail, mit Cabet! donnert durch ganz Paris und der provisorischen Regierung wird von einer Unzahl Deputationen gehuldigt, alle bereit, das Vaterland und die Gesellschaft zu retten. Als die Arbeiter endlich vor dem Hotel de Ville erscheinen, um der provisorischen Regierung eine patriotische Kollekte zu überreichen, die sie auf dem Marsfelde gesammelt hatten, erfahren sie zu ihrer Verwunderung, daß das bürgerliche Paris in einem höchst behutsam angelegten Scheinkampfe ihren Schatten geschlagen hat. Das furchtbare Attentat vom 16. März gab den Vorwand zur Zurückberufung der Armee nach Paris — der eigentliche Zweck der plump angelegten Komödie — und zu den reaktionären föderalistischen Demonstrationen der Provinzen.

Am 4. Mai trat die aus den direkten allgemeinen Wahlen hervorgegangene Nationalversammlung zusammen. Das allgemeine Stimmrecht besaß nicht die magische Kraft, welche ihm die Republikaner alten Schlags zugetraut hatten. In ganz Frankreich, wenigstens in der Majorität der Franzosen, erblickten sie Citoyens mit denselben Interessen, derselben Einsicht usw. Es war dies ihr Volkskultus. Statt ihres eingebildeten Volkes brachten die Wahlen das wirkliche Volk an's Tageslicht, d. h. Repräsentanten der verschiedenen Klassen, worin es zerfällt. Wir haben gesehen, warum Bauern und Kleinbürger unter der Leitung der kampflustigen Bourgeoisie und der restaurationswüthigen großen Grundeigenthümer wählen mußten. Aber wenn das allgemeine Stimmrecht nicht die wunderthätige Wünschelruthe war, wofür republikanische Biedermänner es angesehen hatten, besaß es das ungleich höhere Verdienst, den Klassenkampf zu entfesseln, die verschiedenen Mittelschichten der bürgerlichen Gesellschaft ihre Illusionen und Enttäuschungen rasch durchleben zu lassen, sämmtliche Fraktionen der exploitirenden Klasse in einem Wurfe auf die Staatshöhe zu schleudern und ihnen so die trügerische Larve abzureißen, während die Monarchie mit ihrem Census nur bestimmte Fraktionen der Bourgeoisie sich kompromittiren, und die anderen hinter den Koulissen im Versteck ließ und sie mit dem Heiligenschein einer gemeinsamen Opposition umgab.

In der konstituirenden Nationalversammlung, die am 4. Mai zusammentrat, besaßen die Bourgeoisrepublikaner, die Republikaner des National die Oberhand. Legitimisten und Orleanisten selbst wagten sich zunächst nur unter der Maske des bürgerlichen Republikanismus zu zeigen. Nur im Namen der Republik konnte der Kampf gegen das Proletariat aufgenommen werden.

Vom 4. Mai, nicht vom 25. Februar datirt die Republik, d. h. die vom französischen Volke anerkannte Republik; es ist nicht die Republik, welche das Pariser Proletariat der provisorischen Regierung aufdrang, nicht die Republik mit sozialen Institutionen, nicht das Traumbild, das den Barrikadenkämpfern vorschwebte. Die von der Nationalversammlung proklamirte, die einzig legitime Republik, es ist die Republik, welche keine revolutionäre Waffe gegen die bürgerliche Ordnung, vielmehr ihre politische Rekonstitution, die politische Wiederbefestigung der bürgerlichen Gesellschaft ist, mit einem Worte: die bürgerliche Republik. Von der Tribüne der Nationalversammlung erscholl diese Behauptung, in der gesammten republikanischen und antirepublikanischen Bürgerpresse fand sie ihr Echo.

Und wir haben gesehen, wie die Februarrepublik wirklich nichts Anderes war und sein konnte als eine bürgerliche Republik, wie aber die provisorische Regierung unter dem unmittelbaren Drucke des Proletariats gezwungen war, sie als eine Republik mit sozialen Institutionen anzukündigen, wie das Pariser Proletariat noch unfähig war, anders als in der Vorstellung, in der Einbildung über die bürgerliche Republik hinauszugehen, wie es überall in ihrem Dienste handelte, wo es wirklich zur Handlung kam, wie die ihm gemachten Verheißungen zur unerträglichen Gefahr für die neue Republik wurden, wie der ganze Lebensprozeß der provisorischen Regierung sich in einen fortdauernden Kampf gegen die Forderungen des Proletariats zusammenfaßte.

In der Nationalversammlung saß ganz Frankreich zu Gericht über das Pariser Proletariat. Sie brach sofort mit den sozialen Illusionen der Februarrevolution, sie proklamirte rundheraus die bürgerliche Republik, nichts als die bürgerliche Republik. Sofort schloß sie aus der von ihr ernannten Exekutivkommission die

Vertreter des Proletariats aus: Louis Blanc und Albert; sie verwarf den Vorschlag eines besonderen Arbeitsministeriums, sie empfing mit stürmischem Beifallsrufe die Erklärung des Ministers Trélat: „es handle sich nur noch darum, **die Arbeit auf ihre alten Bedingungen zurückzuführen.**"

Aber das Alles genügte nicht. Die Februarrepublik war von den Arbeitern erkämpft unter dem passiven Beistande der Bourgeoisie. Die Proletarier betrachteten sich mit Recht als die Sieger des Februar, und sie machten die hochmüthigen Ansprüche des Siegers. Sie mußten auf der Straße besiegt, es mußte ihnen gezeigt werden, daß sie unterlagen, sobald sie nicht mit der Bourgeoisie, sondern gegen die Bourgeoisie kämpften. Wie die Februarrepublik mit ihren sozialistischen Zugeständnissen einer Schlacht des mit der Bourgeoisie gegen das Königthum vereinten Proletariats bedurfte, so war eine zweite Schlacht nöthig, um die Republik von den sozialistischen Zugeständnissen zu scheiden, um die **bürgerliche Republik** offiziell als die herrschende herauszuarbeiten. Mit den Waffen in der Hand mußte die Bourgeoisie die Forderungen des Proletariats widerlegen. Und die wirkliche Geburtsstätte der bürgerlichen Republik, es ist nicht der Februarsieg, es ist die **Juniniederlage**.

Das Proletariat beschleunigte die Entscheidung, als es den 15. Mai in die Nationalversammlung drang, seinen revolutionären Einfluß erfolglos wiederzuerobern suchte und nur seine energischen Führer den Kerkermeistern der Bourgeoisie ausgeliefert hatte. Il faut en finir! Diese Situation muß endigen! Zu diesem Schrei machte die Nationalversammlung ihrem Entschlusse Luft, das Proletariat zum entscheidenden Kampfe zu zwingen. Die Exekutivkommission erließ eine Reihe herausfordernder Dekrete, wie das Verbot der Volkszusammenschaarungen usw. Von der Tribüne der konstituirenden Nationalversammlung herab wurden die Arbeiter direkt provozirt, beschimpft, verhöhnt. Aber der eigentliche Angriffspunkt war, wie wir gesehen haben, in den Nationalateliers gegeben. Auf sie wies die konstituirende Versammlung gebieterisch die Exekutivkommission hin, die nur darauf harrte, ihren eigenen Plan als Gebot der Nationalversammlung ausgesprochen zu hören.

Die Exekutivkommission begann damit, den Zutritt in die Nationalateliers zu erschweren, den Taglohn in Stücklohn zu verwandeln, die nicht in Paris gebürtigen Arbeiter nach der Sologne, angeblich zur Ausführung von Erdarbeiten, zu verbannen. Diese Erdarbeiten waren nur eine rhetorische Formel, womit man ihre Verjagung beschönigte, wie die enttäuschten zurückkehrenden Arbeiter ihren Genossen verkündeten. Endlich am 21. Juni erschien ein Dekret im Moniteur, welches die gewaltsame Austreibung aller unverheiratheten Arbeiter aus den Nationalateliers verordnete oder ihre Einrollirung in die Armee.

Es blieb den Arbeitern keine Wahl, sie mußten verhungern oder losschlagen. Sie antworteten am 22. Juni mit der ungeheuren Insurrektion, worin die erste große Schlacht geliefert wurde zwischen den beiden Klassen, welche die moderne Gesellschaft spalten. Es war ein Kampf um die Erhaltung oder Vernichtung der bürgerlichen Ordnung. Der Schleier, der die Republik verhüllte, zerriß.

Es ist bekannt, wie die Arbeiter mit beispielloser Tapferkeit und Genialität, ohne Chefs, ohne gemeinsamen Plan, ohne Mittel, zum größten Theil der Waffen entbehrend, die Armee, die Mobilgarde, die Pariser Nationalgarde und die aus der Provinz hinzuströmte Nationalgarde während fünf Tagen im Schach hielten. Es ist bekannt, wie die Bourgeoisie für die ausgestandene Todesangst sich in unerhörter Brutalität entschädigte und über 3000 Gefangene massakrirte.

So sehr waren die offiziellen Vertreter der französischen Demokratie in der republikanischen Ideologie befangen, daß sie erst einige Wochen später den Sinn des Junikampfes zu ahnen begannen. Sie waren wie betäubt von dem Pulverdampfe, worin ihre phantastische Republik zerrann.

Der unmittelbare Eindruck, den die Nachricht von der Junineiderlage auf uns hervorbrachte, der Leser wird uns erlauben, ihn mit den Worten der „N. Rh. Z." zu schildern:

„Der letzte offizielle Rest der Februarrevolution, die Exekutivkommission, ist vor dem Ernst der Ereignisse wie ein Nebelbild zerflossen. Lamartine's Leuchtkugeln haben sich verwandelt in die Brandraketen Cavaignac's. Die Fraternité, die Brüderlichkeit der entgegengesetzten Klassen, wovon die eine die andere exploitirt, diese Fraternité, im Februar proklamirt, mit großen Buchstaben auf die Stirne von Paris geschrieben, auf jedes Gefängniß, auf jede Kaserne — ihr wahrer, unverfälschter, ihr prosaischer Ausdruck, das ist der Bürgerkrieg, der Bürgerkrieg in seiner fürchterlichsten Gestalt, der Krieg der Arbeit und des Kapitals. Diese Brüderlichkeit flammte vor allen Fenstern von Paris am Abend des 25. Juni, als das Paris der Bourgeoisie illuminirte, während das Paris des Proletariats verbrannte, verblutete, verächzte. Die Brüderlichkeit währte gerade so lange, als das Interesse der Bourgeoisie mit dem Interesse des Proletariats verbrüdert war. — Pedanten der alten revolutionären Ueberlieferung von 1793, sozialistische Systematiker, die bei der Bourgeoisie für das Volk bettelten und denen erlaubt wurde, lange Predigten zu halten und sich so lange zu kompromittiren, als der proletarische Löwe in Schlaf gelullt werden mußte, Republikaner, welche die ganze alte bürgerliche Ordnung mit Abzug des gekrönten Kopfes verlangten, dynastisch Oppositionelle, denen der Zufall an die Stelle eines Ministerwechsels den Sturz einer Dynastie unterschob, Legitimisten, welche die Livrée nicht abwerfen, sondern ihren Schnitt verändern wollten, das waren die Bundesgenossen, womit das Volk seinen Februar machte. — Die Februarrevolution war die schöne Revolution, die Revolution der allgemeinen Sympathie, weil die Gegensätze, die in ihr gegen das Königthum eklatirten, unentwickelt, einträchtig neben einander schlummerten, weil der soziale Kampf, der ihren Hintergrund bildete, nur eine luftige Existenz gewonnen hatte, die Existenz der Phrase, des Worts. Die Junirevolution ist die häßliche Revolution, die abstoßende Revolution, weil an die Stelle der Phrase die Sache getreten ist, weil die Republik das Haupt des Ungeheuers selbst entblößte, indem sie ihm die schirmende und versteckende Krone abschlug. — Ordnung! war der Schlachtruf Guizot's. Ordnung! schrie Sebastiani, der Guizotin, als Warschau russisch wurde. Ordnung! schreit Cavaignac, das brutale Echo der französischen Nationalversammlung und der republikanischen Bourgeoisie. Ordnung! donnerten seine Kartätschen, als sie den Leib des Proletariats zerrissen. Keine der zahlreichen Revolutionen der französischen Bourgeoisie seit 1789 war ein Attentat auf die Ordnung, denn sie ließ die Herrschaft der Klasse, sie ließ die Sklaverei der Arbeiter, sie ließ die bürgerliche Ordnung bestehen, so oft auch die politische Form dieser Herrschaft und dieser Sklaverei wechselte. Der Juni hat diese Ordnung angetastet. Wehe über den Juni!" ("N. Rh. Z."; 29. Juni 1848.)

Wehe über den Juni! schallt das europäische Echo zurück.

Von der Bourgeoisie wurde das Pariser Proletariat zur Juni-Insurrektion gezwungen. Schon darin lag sein Verdammungsurtheil. Weder sein unmittelbares eingestandenes Bedürfniß trieb es dahin, den Sturz der Bourgeoisie gewaltsam erkämpfen zu wollen, noch war es dieser Aufgabe gewachsen. Der Moniteur mußte ihm offiziell eröffnen, daß die Zeit vorüber, wo die Republik vor seinen Illusionen die Honneurs zu machen sich veranlaßt sah, und erst seine Niederlage überzeugte es von der Wahrheit, daß die geringste Verbesserung seiner Lage eine Utopie bleibt innerhalb der bürgerlichen Republik, eine Utopie, die zum Verbrechen wird, sobald sie sich verwirklichen will. An die Stelle seiner, der Form nach überschwänglichen, dem Inhalte nach kleinlichen und selbst noch bürgerlichen Forderungen, deren Konzession es der Februarrepublik abdringen wollte, trat die kühne revolutionäre Kampfparole: Sturz der Bourgeoisie! Diktatur der Arbeiterklasse!

Indem das Proletariat seine Leichenstätte zur Geburtsstätte der bürgerlichen Republik machte, zwang es sie sogleich in ihrer reinen Gestalt herauszutreten als der Staat, dessen eingestandener Zweck ist, die Herrschaft des Kapitals, die Sklaverei der Arbeit zu verewigen. Im steten Hinblicke auf den narbenvollen, unversöhnbaren, unbesiegbaren Feind unbesiegbar, weil seine Existenz die Bedingung ihres eigenen Lebens ist — mußte die von allen Fesseln befreite Bourgeoisherrschaft sofort in den Bourgeois-Terrorismus umschlagen. Das Proletariat einstweilen von der Bühne beseitigt, die Bourgeoisdiktatur offiziell anerkannt, mußten die mittleren Schichten der bürgerlichen Gesellschaft, Kleinbürger thum und Bauernklasse, in dem Maße, als ihre Lage unerträglicher und ihr Gegensatz gegen die Bourgeoisie schroffer wurde, mehr und mehr sich an das Proletariat anschließen. Wie früher in seinem Aufschwunge, mußten sie jetzt in seiner Niederlage den Grund ihrer Misère finden.

Wenn die Juni-Insurrektion überall auf dem Kontinent das Selbstgefühl der Bourgeoisie hob und sie offen in einen Bund mit dem feudalen Königthum gegen das Volk treten ließ, wer war das erste Opfer dieses Bundes? die kontinentale Bourgeoisie selbst. Die Juniniederlage verhinderte sie, ihre Herrschaft zu befestigen und das Volk auf der untergeordnetsten Stufe der bürgerlichen Revolution halb befriedigt, halb verstimmt, stillstehen zu machen.

Endlich verrieth die Juniniederlage den despotischen Mächten Europas das Geheimniß, daß Frankreich unter allen Bedingungen den Frieden nach Außen aufrecht erhalten müsse, um den Bürgerkrieg nach Innen führen zu können. So wurden die Völker, die den Kampf um ihre nationale Unabhängigkeit begonnen hatten, der Uebermacht Rußlands, Oesterreichs und Preußens preisgegeben, aber gleichzeitig wurde das Schicksal dieser nationalen Revolutionen dem Schicksal der proletarischen Revolution unterworfen, ihrer scheinbaren Selbstständigkeit, ihrer Unabhängigkeit von der großen sozialen Umwälzung beraubt. Der Ungar soll nicht frei sein, nicht der Pole, nicht der Italiener, so lange der Arbeiter Sklave bleibt!

Endlich nahm Europa durch die Siege der heiligen Allianz eine Gestalt an, die jede neue proletarische Erhebung in Frankreich mit einem **Weltkriege** unmittelbar zusammenfallen läßt. Die neue französische Revolution ist gezwungen, sofort den nationalen Boden zu verlassen und das europäische Terrain zu erobern, auf dem allein die soziale Revolution des neunzehnten Jahrhunderts sich durchführen kann.

Erst durch die Juniniederlage also wurden alle Bedingungen geschaffen, innerhalb deren Frankreich die Initiative der europäischen Revolution ergreifen kann. Erst in das Blut der Juni-Insurgenten getaucht, wurde die Trikolore zur Fahne der europäischen Revolution — zur **rothen Fahne**.

Und wir rufen: Die Revolution ist todt! Es lebe die Revolution!

II.

Vom Juni 1848 bis 13. Juni 1849.

(Aus Heft II.)

Der 25. Februar 1848 hatte Frankreich die Republik oktroyirt, der 25. Juni drang ihm die Revolution auf. Und Revolution bedeutete nach dem Juni: **Umwälzung der bürgerlichen Gesellschaft**, während es vor dem Februar bedeutet hatte: **Umwälzung der Staatsform**.

Der Junikampf war durch die republikanische Fraktion der Bourgeoisie geleitet worden, mit dem Siege fiel ihr nothwendig die Staatsmacht anheim. Der Belagerungszustand legte ihr das geknebelte Paris widerstandslos vor die Füße, und in den Provinzen herrschte ein moralischer Belagerungszustand, der drohend brutale Siegesübermuth der Bourgeois und der entfesselte Eigenthumsfanatismus der Bauern. Von unten also keine Gefahr!

Mit der revolutionären Gewalt der Arbeiter zerbrach gleichzeitig der politische Einfluß der **demokratischen** Republikaner, d. h. der Republikaner im Sinn des Kleinbürgerthums, vertreten in der Exekutiv-Kommission durch Ledru-Rollin, in der konstituirenden Nationalversammlung durch die Partei der Montagne, in der Presse durch die „Réforme." Gemeinsam mit den Bourgeois-Republikanern hatten sie am 16. April konspirirt gegen das Proletariat, in den Junitagen es gemeinsam mit ihnen bekriegt. So sprengten sie selbst den Hintergrund, worauf ihre Partei sich als eine Macht abhob, denn nur so lange kann das Kleinbürgerthum eine revolutionäre Stellung gegen die Bourgeoisie behaupten, als das Proletariat hinter ihm steht. Sie wurden abgedankt. Die mit ihnen widerstrebend und hinterhaltig während der Epoche der provisorischen Regierung und der Exekutiv-Kommission eingegangene Schein-Allianz wurde offen von den Bourgeoisrepublikanern gebrochen. Als Bundesgenossen verschmäht und zurückgestoßen, sanken sie zu untergeordneten Trabanten der Trikoloren herab, denen sie kein Zugeständniß abringen konnten, deren Herrschaft sie aber jedesmal unterstützen mußten, so oft dieselbe, und mit ihr die Republik, von den antirepublikanischen Bourgeoisfraktionen in Frage gestellt schien. Diese Fraktionen endlich, Orleanisten und Legitimisten, befanden sich von vornherein in der konstituirenden Nationalversammlung in der Minorität. Vor den Junitagen wagten sie selbst nur unter der Maske des bürgerlichen Republikanismus zu reagiren, der Junisieg ließ einen Augenblick das ganze bürgerliche Frankreich in Cavaignac seinen Heiland begrüßen, und als kurz nach den Junitagen die antirepublikanische Partei sich wieder verselbständigte, erlaubten ihr die Militärdiktatur und der Belagerungszustand von Paris, nur sehr schüchtern und vorsichtig die Fühlhörner auszustrecken.

Seit 1830 hatte sich die bourgeoisrepublikanische Fraktion in ihren Schriftstellern, ihren Wortführern, ihren Kapazitäten, ihren Ambitionen, ihren Deputirten, Generalen, Bankiers und Advokaten um ein Pariser Journal gruppirt, um den „National." In den Provinzen besaß er seine Filialzeitungen. Die Koterie des „National", das war die Dynastie der trikoloren Republik. Sofort bemächtigte sie sich aller Staatswürden, der Ministerien, der Polizei präfektur, der Postdirektion, der Präfektenstellen, der freigewordenen höheren Offiziersposten in der Armee. An der Spitze der Exekutivgewalt stand ihr General, Cavaignac; ihr Redakteur en chef, Marrast, wurde der permanente Präsident der konstituirenden Nationalversammlung. In seinen Salons machte er als Ceremonien= meister zugleich die Honneurs der honetten Republik.

Selbst revolutionäre französische Schriftsteller haben den Irrthum befestigt, aus einer Art Scheu vor der republikanischen Tradition, als hätten die Royalisten in der konstituirenden Nationalversammlung geherrscht. Die konstituirende Versammlung blieb vielmehr seit den Junitagen die ausschließliche Ver= treterin des Bourgeoisrepublikanismus, und um so ent= schiedener kehrte sie diese Seite hervor, je mehr der Einfluß der trikoloren Republikaner außerhalb der Versammlung zusammenbrach. Galt es die Form der bürgerlichen Republik behaupten, so verfügte sie über die Stimmen der demokratischen Republikaner, galt es den Inhalt, so trennte selbst die Sprechweise sie nicht mehr von den royalistischen Bourgeoisfraktionen, denn die Interessen der Bour= geoisie, die materiellen Bedingungen ihrer Klassenherrschaft und Klassenexploitation bilden eben den Inhalt der bürgerlichen Republik.

Nicht der Royalismus also, der Bourgeoisrepublikanismus ver= wirklichte sich im Leben und in den Thaten dieser konstituirenden Versammlung, die schließlich nicht starb, auch nicht getödtet wurde, sondern verfaulte.

Während der ganzen Dauer ihrer Herrschaft, so lange sie im Proscenium die Haupt= und Staatsaktion spielte, wurde im Hinter= grund ein ununterbrochenes Opferfest aufgeführt — die fortlaufenden standrechtlichen Verurtheilungen der gefangenen Juni=Insurgenten oder ihre Deportation ohne Urtheil. Die konstituirende Versammlung hatte den Takt, zu gestehen, daß sie in den Juni=Insurgenten nicht Verbrecher richte, sondern Feinde ecrasire.

Die erste That der konstituirenden Nationalversammlung war die Niedersetzung einer Untersuchungskommission über die Ereignisse des Juni und des 15. Mai und über die Betheiligung der sozialistischen und demokratischen Parteichefs an diesen Tagen. Die Untersuchung war direkt gerichtet gegen Louis Blanc, Ledru=Rollin und Caussidière. Die Bourgeoisrepublikaner brannten vor Ungeduld, sich dieser Rivalen zu entledigen. Die Durchführung ihrer Rancune konnten sie keinem passenderen Subjekt anvertrauen als Herrn Odilon Barrot, dem ehemaligen Chef der dynastischen Opposition, dem leibgewordenen Liberalismus, der nullité grave, der gründlichen Seichtigkeit, die nicht nur eine Dynastie zu rächen hatte, sondern sogar den Revolutionären Rechenschaft abzuverlangen für eine vereitelte Ministerpräsidentschaft. Sichere Garantie für seine Unerbittlichkeit. Dieser Barrot also wurde zum Präsidenten der Untersuchungskommission ernannt und er konstruirte einen vollständigen Prozeß gegen die Februarrevolution, die sich dahin zusammenfaßt: 17. März Manifestation, 16. April Komplott, 15. Mai Attentat, 23. Juni Bürgerkrieg! Warum erstreckte er seine gelehrten und kriminalistischen Forschungen nicht bis zum 24. Februar? Das „Journal des Débats" antwortete: Der 24. Februar, das ist die Gründung Roms. Der Ursprung der Staaten verläuft sich in eine Mythe, an die man glauben, die man nicht diskutiren darf. Louis Blanc und Caussidière wurden den Gerichten preisgegeben. Die Nationalversammlung vervollständigte das Werk ihrer eigenen Säuberung, das sie am 15. Mai begonnen hatte.

Der von der provisorischen Regierung gefaßte, von Goudchaux wieder aufgenommene Plan einer Besteuerung des Kapitals — in der Form einer Hypothekensteuer — wurde von der konstituirenden Versammlung verworfen, das Gesetz, welches die Arbeitszeit auf 10 Stunden beschränkte, abgeschafft, die Schuldhaft wieder eingeführt, von der Zulassung zu der Jury der große Theil der französischen Bevölkerung ausgeschlossen, der weder lesen noch schreiben kann. Warum nicht auch vom Stimmrecht? Die Kaution für die Journale wurde wieder eingeführt, das Assoziationsrecht beschränkt.

Aber in ihrer Hast, den alten bürgerlichen Verhältnissen ihre alten Garantien wiederzugeben und jede Spur auszulöschen, welche die Revolutionswellen zurückgelassen hatten, stießen die Bourgeoisrepublikaner auf einen Widerstand, der mit unerwarteter Gefahr drohte.

Niemand hatte fanatischer in den Junitagen gekämpft für die Rettung des Eigenthums und die Wiederherstellung des Kredits, als die Pariser Kleinbürger — Cafewirthe, Restauranten, marchands de vins, kleine Kaufleute, Krämer, Professionisten usw. Die Boutike hatte sich aufgerafft und war gegen die Barrikade marschirt, um die Cirkulation herzustellen, die von der Straße in die Boutike führt. Aber hinter der Barrikade standen die Kunden und die Schuldner, vor ihr die Gläubiger der Boutike. Und als die Barrikaden niedergeworfen und die Arbeiter ecrasirt waren und die Ladenhüter siegestrunken zu ihren Läden zurückstürzten, fanden sie den Eingang verbarrikadirt von einem Retter des Eigenthums, einem offiziellen Agenten des Kredits, der ihnen die Drohbriefe entgegenhielt: Verfallener Wechsel! Verfallener Hauszins! Verfallener Schuldbrief! Verfallene Boutike! Verfallener Boutiquier!

Rettung des Eigenthums! Aber das Haus, das sie bewohnten, war nicht ihr Eigenthum; der Laden, den sie hüteten, war nicht ihr Eigenthum; die Waaren, die sie verhandelten, waren nicht ihr Eigenthum. Nicht ihr Geschäft, nicht der Teller, woraus sie aßen, nicht das Bett, worin sie schliefen, gehörte ihnen noch. Ihnen gegenüber galt es gerade, dies Eigenthum zu retten für den Hausbesitzer, der das Haus verliehen, den Bankier, der den Wechsel diskontirt, den Kapitalisten, der die baaren Vorschüsse gemacht, den Fabrikanten, der die Waaren zum Verkaufe diesen Krämern anvertraut, den Großhändler, der die Rohstoffe diesen Professionisten kreditirt hatte. Wiederherstellung des Kredits! Aber der wieder erstarkte Kredit bewährte sich eben als ein lebendiger und eifriger Gott, indem er den zahlungsunfähigen Schuldner aus seinen vier Mauern verjagte, mit Weib und Kind, seine Scheinhabe dem Kapital preisgab und ihn selbst in den Schuldthurm warf, der sich über den Leichen der Juni-Insurgenten drohend wieder aufgerichtet hatte.

Die Kleinbürger erkannten mit Schrecken, daß sie ihren Gläubigern sich widerstandslos in die Hände geliefert, indem sie die Arbeiter niedergeschlagen hatten. Ihr seit dem Februar chronisch sich hinschleppender und scheinbar ignorirter Bankerott wurde nach dem Juni offen erklärt.

Ihr nominelles Eigenthum hatte man so lange unangefochten gelassen, als es galt, sie auf den Kampfplatz zu treiben, im Namen des Eigenthums. Jetzt, nachdem die große Angelegenheit mit dem Proletariat geregelt war, konnte auch das kleine Geschäft mit dem Epicier wieder geregelt werden. In Paris betrug die Masse der leidenden Papiere über 21 Millionen Francs, in den Provinzen über 11 Millionen. Geschäftliche Inhaber von mehr als 7000 Pariser Häusern hatten ihre Miethe seit Februar nicht gezahlt.

Hatte die Nationalversammlung eine Enquête über die politische Schuld bis zu den Grenzen des Februar hinauf angestellt, so verlangten nun die Kleinbürger ihrerseits eine Enquête über die

bürgerlichen Schulden bis zum 24. Februar. Sie versammelten
sich massenhaft in der Börsenhalle und forderten drohend für jeden
Kaufmann, der nachweisen könne, daß er nur durch die von der
Revolution hervorgerufene Stockung fallit geworden, und sein Geschäft
am 24. Februar gut stand, Verlängerung des Zahlungstermins durch
handelsgerichtliches Urtheil und Nöthigung des Gläubigers, für eine
mäßige Prozentzahlung seine Forderung zu liquidiren. Als Gesetz=
vorschlag wurde diese Frage in der Nationalversammlung verhandelt
unter der Form der concordats à l'amiable. Die Versamm=
lung schwankte; da erfuhr sie plötzlich, daß gleichzeitig an der Porte
St. Denis Tausende von Frauen und Kindern der Insurgenten eine
Amnestiepetition vorbereiteten.

In Gegenwart des wiedererstandenen Junigespenstes erzitterten
die Kleinbürger und gewann die Versammlung ihre Unerbittlichkeit
wieder. Die concordats à l'amiable, die freundschaftliche Ver=
ständigung zwischen Gläubiger und Schuldner wurde in ihren
wesentlichsten Punkten verworfen.

Nachdem also längst innerhalb der Nationalversammlung die
demokratischen Vertreter der Kleinbürger von den republikanischen
Vertretern der Bourgeoisie zurückgestoßen waren, erhielt dieser par=
lamentarische Bruch seinen bürgerlichen, reellen ökonomischen Sinn,
indem die Kleinbürger als Schuldner den Bourgeois als Gläubigern
preisgegeben wurden. Ein großer Theil der Ersteren wurde voll=
ständig ruinirt und dem Rest nur gestattet, sein Geschäft fortzuführen
unter Bedingungen, die ihn zum unbedingten Leibeigenen des Kapitals
machten. Am 22. August 1848 verwarf die Nationalversammlung
die concordats à l'amiable, am 19. September 1848, mitten im
Belagerungszustande, wurden der Prinz Louis Bonaparte und der
Gefangene von Vincennes, der Kommunist Raspail, zu Repräsentanten
von Paris gewählt. Die Bourgeoisie aber wählte den jüdischen
Wechsler und Orleanisten Fould. Also von allen Seiten auf einmal
offene Kriegserklärung gegen die konstituirende Nationalversammlung,
gegen den Bourgeoisrepublikanismus, gegen Cavaignac.

Es bedarf keiner Ausführung, wie der massenhafte Bankerott
der Pariser Kleinbürger seine Nachwirkungen weit über die unmittelbar
Getroffenen fortwälzen und den bürgerlichen Verkehr abermals er=
schüttern mußte, während das Staatsdefizit durch die Kosten der
Juni=Insurrektion von Neuem anschwoll, die Staatseinnahme durch
die aufgehaltene Produktion, den eingeschränkten Konsum und die
abnehmende Einfuhr beständig sank. Cavaignac und die National=
versammlung konnten zu keinem anderen Mittel ihre Zuflucht nehmen
als zu einer neuen Anleihe, die sie noch tiefer in das Joch der Finanz=
aristokratie hineinzwängte.

Hatten die Kleinbürger als Frucht des Junisieges den Bankerott
und die gerichtliche Liquidation geerntet, so fanden dagegen die

Janitscharen Cavaignac's, die Mobilgarden, ihren Lohn in den weichen Armen der Loretten und empfingen sie, „die jugendlichen Retter der Gesellschaft", Huldigungen aller Art in den Salons von Marrast, des gentilhomme der Trikolore, der zugleich den Amphitryon und den Troubadour der honetten Republik abgab. Unterdessen erbitterte diese gesellschaftliche Bevorzugung und der ungleich höhere Sold der Mobilgarden die Armee, während gleichzeitig alle nationalen Illusionen verschwanden, womit der Bourgeoisrepublikanismus durch sein Journal, den „National", einen Theil der Armee und der Bauernklasse unter Louis Philipp an sich zu fesseln gewußt hatte. Die Vermittelungsrolle, welche Cavaignac und die Nationalversammlung in Norditalien spielten, um es gemeinsam mit England an Oesterreich zu verrathen, — dieser eine Tag der Herrschaft vernichtete achtzehn Oppositionsjahre des „National". Keine Regierung weniger national als die des National, keine abhängiger von England, und unter Louis Philippe lebte er von der täglichen Umschreibung des Katonischen: Carthaginem esse delendam; keine serviler gegen die heilige Allianz, und von einem Guizot hatte er die Zerreißung der Wiener Verträge verlangt. Die geschichtliche Ironie machte Bastide, den Exredakteur der auswärtigen Angelegenheiten des „National", zum Minister der auswärtigen Angelegenheiten Frankreichs, damit er jeden seiner Artikel durch jede seiner Depeschen widerlege.

Einen Augenblick hatten Armee und Bauernklasse geglaubt, mit der Militärdiktatur sei gleichzeitig der Krieg nach außen und die „gloire" auf die Tagesordnung Frankreichs gesetzt. Aber Cavaignac, das war nicht die Diktatur des Säbels über die bürgerliche Gesellschaft, das war die Diktatur der Bourgeoisie durch den Säbel. Und sie brauchten jetzt vom Soldaten nur noch den Gendarm. Cavaignac verbarg unter den strengen Zügen antikrepublikanischer Resignation die fade Unterwürfigkeit unter die demüthigenden Bedingungen seines bürgerlichen Amtes. L'argent n'a pas de maitre! Das Geld hat keinen Herrn! Diesen alten Wahlspruch des tiers-état idealisirte er, wie überhaupt die konstituirende Versammlung, indem sie ihn in die politische Sprache übersetzten: Die Bourgeoisie hat keinen König, die wahre Form ihrer Herrschaft ist die Republik.

Und diese Form ausarbeiten, eine republikanische Konstitution anfertigen, darin bestand das „große organische Werk" der konstituirenden Nationalversammlung. Die Umtaufung des christlichen Kalenders in einen republikanischen, des heiligen Bartholomäus in den heiligen Robespierre, ändert nicht mehr an Wind und Wetter, als diese Konstitution an der bürgerlichen Gesellschaft veränderte oder verändern sollte. Wo sie über den Kostümwechsel hinausging, nahm sie vorhandene Thatsachen zu Protokoll. So registrirte sie feierlich die Thatsache der Republik, die Thatsache des allgemeinen Stimmrechts, die Thatsache einer einzigen souveränen Nationalversammlung an Stelle der zwei beschränkten konstitutionellen Kammern. So registrirte und regelte sie die Thatsache der Diktatur Cavaignac's, indem sie das stationäre, unverantwortliche Erbkönigthum durch ein ambulantes, verantwortliches Wahlkönigthum ersetzte, durch eine vierjährige Präsidentschaft. So erhob sie nicht minder zum konstituirenden Gesetz die Thatsache der außerordentlichen Gewalt, womit die Nationalversammlung nach den Schrecken des 15. Mai und des 25. Juni im Interesse der eigenen Sicherheit vorsorglich ihren Präsidenten bekleidet hatte. Der Rest der Konstitution war das Werk der Terminologie. Von dem Räderwerk der alten Monarchie wurden die royalistischen Etiketten abgerissen und republikanische aufgeklebt. Marrast, ehemaliger Redakteur en chef des „National", nunmehr Redakteur en chef der Konstitution, entledigte sich dieser akademischen Aufgabe nicht ohne Talent.

Die konstituirende Versammlung glich jenem chilenischen Beamten, der die Grundeigenthumsverhältnisse durch eine Katastermessung fester reguliren wollte, in demselben Augenblick, wo der unterirdische Donner schon die vulkanische Eruption angekündigt hatte, die den Grund und Boden selbst unter seinen Füßen wegschleudern sollte. Während sie in der Theorie die Formen abzirkelte, worin die Herrschaft der Bourgeoisie republikanisch ausgedrückt wurde, behauptete sie sich in der Wirklichkeit nur durch die Aufhebung aller Formeln, durch die Gewalt sans phrase, durch den Belagerungszustand. Zwei Tage, bevor sie ihr Verfassungswerk begann, proklamirte sie seine Fortdauer. Verfassungen wurden früher gemacht und angenommen, sobald der gesellschaftliche Umwälzungsprozeß an einem Ruhepunkt angelangt war, die neugebildeten Klassenverhältnisse sich befestigt hatten und die ringenden Fraktionen der herrschenden Klasse zu einem Kompromiß flüchteten, der ihnen erlaubte, den Kampf unter sich fortzusetzen und gleichzeitig die ermattete Volksmasse von demselben auszuschließen. Diese Konstitution dagegen sanktionirte keine gesellschaftliche Revolution, sie sanktionirte den augenblicklichen Sieg der alten Gesellschaft über die Revolution.

In dem ersten Konstitutionsentwurf, verfaßt vor den Junitagen, befand sich noch das „droit au travail," das Recht auf Arbeit, erste unbeholfene Formel, worin sich die revolutionären Ansprüche des Proletariats zusammenfassen. Es wurde verwandelt in das droit à l'assistance, in das Recht auf öffentliche Unterstützung, und welcher moderne Staat ernährt nicht in der einen oder anderen Form seine Paupers? Das Recht auf Arbeit ist im bürgerlichen Sinn ein Widersinn, ein elender, frommer Wunsch, aber hinter dem Rechte auf Arbeit steht die Gewalt über das Kapital, hinter der Gewalt über das Kapital die Aneignung der Produktionsmittel, ihre Unterwerfung unter die assoziirte Arbeiterklasse, also die Aufhebung der Lohnarbeit, des Kapitals und ihres Wechselverhältnisses. Hinter dem „Recht auf Arbeit" stand die Juni=Insurrektion. Die konstituirende Versammlung, welche das revolutionäre Proletariat faktisch hors la loi, außerhalb des Gesetzes stellte, sie mußte seine Formel prinzipiell aus der Konstitution, dem Gesetz der Gesetze, herauswerfen, ihr Anathem verhängen über das „Recht auf Arbeit". Aber hier blieb sie nicht stehn. Wie Plato aus seiner Republik die Poeten, verbannte sie aus der ihrigen auf ewige Zeiten die Progressivsteuer. Und die Progressivsteuer ist nicht nur eine bürgerliche Maßregel, ausführbar innerhalb der bestehenden Produktionsverhältnisse auf größerer oder kleinerer Stufenleiter; sie war das einzige Mittel, die mittleren Schichten der bürgerlichen Gesellschaft an die „honette" Republik zu fesseln, die Staatsschuld zu reduziren, der antirepublikanischen Majorität der Bourgeoisie Schach zu bieten.

Bei Gelegenheit der concordats à l'amiable hatten die trikoloren Republikaner die kleine Bourgeoisie thatsächlich der großen geopfert. Dies vereinzelte Faktum erhoben sie zum Prinzip durch die gesetzliche Interdiktion der Progressivsteuer. Sie setzten die bürgerliche Reform auf gleiche Stufe mit der proletarischen Revolution. Aber welche Klasse blieb dann als Halt ihrer Republik? Die große Bourgeoisie. Und deren Masse war antirepublikanisch. Wenn sie die Republikaner des „National" ausbeutete, um die alten ökonomischen Lebensverhältnisse wieder zu befestigen, so gedachte sie die wiederbefestigten gesellschaftlichen Verhältnisse andererseits auszubeuten, um die ihnen entsprechenden politischen Formen wiederherzustellen. Schon Anfang Oktober sah Cavaignac sich gezwungen, Dufaure und Vivien, ehemalige Minister Louis Philipp's, zu Ministern der Republik zu machen, so sehr die kopflosen Puritaner seiner eigenen Partei grollten und polterten.

Während die trikolore Konstitution jeden Kompromiß mit der kleinen Bourgeoisie verwarf und kein neues Element der Gesellschaft an die neue Staatsform zu fesseln wußte, beeilte sie sich dagegen, einem Korps, worin der alte Staat seine verbissensten und fanatischsten Vertheidiger fand, die traditionelle Unantastbarkeit wiederzugeben. Sie erhob die von der provisorischen Regierung in Frage gestellte Unabsetzbarkeit der Richter zum konstituirenden Gesetz. Der Eine König, den sie abgesetzt, erstand schockweise in diesen unabsetzbaren Inquisitoren der Legalität.

Die französische Presse hat vielseitig die Widersprüche der Konstitution des Herrn Marrast auseinander gesetzt, z. B. das Nebeneinanderstehen von zwei Souveränen, der Nationalversammlung und dem Präsidenten usw. usw.

Der umfassende Widerspruch aber dieser Konstitution besteht darin: Die Klassen, deren gesellschaftliche Sklaverei sie verewigen soll, Prole=

tariat, Bauern, Kleinbürger, setzt sie durch das allgemeine Stimmrecht in den Besitz der politischen Macht. Und der Klasse, deren alte gesellschaftliche Macht sie sanktionirt, der Bourgeoisie, entzieht sie die politischen Garantien dieser Macht. Sie zwängt ihre politische Herrschaft in demokratische Bedingungen, die jeden Augenblick den feindlichen Klassen zum Sieg verhelfen und die Grundlagen der bürgerlichen Gesellschaft selbst in Frage stellen. Von den Einen verlangt sie, daß sie von der politischen Emanzipation nicht zur sozialen fort=, von den Anderen, daß sie von der sozialen Restauration nicht zur politischen zurückgehen.

Wenig kümmerten diese Widersprüche die Bourgeoisrepublikaner. In demselben Maße, als sie aufhörten, unentbehrlich zu sein, und unentbehrlich waren sie nur als die Vorkämpfer der alten Gesellschaft gegen das revolutionäre Proletariat, wenige Wochen nach ihrem Siege, sanken sie von der Stellung einer Partei zu der einer Koterie herab. Und die Konstitution, sie behandelten sie als eine große Intrigue. Was in ihr konstituirt werden sollte, war vor Allem die Herrschaft der Koterie. Der Präsident sollte der verlängerte Cavaignac sein, die legislative Versammlung eine verlängerte Konstituante. Die politische Macht der Volksmassen hofften sie zur Scheinmacht herabsetzen und mit dieser Scheinmacht selbst hinreichend spielen zu können, um über die Majorität der Bourgeoisie fortdauernd das Dilemma der Junitage zu verhängen: Reich des „National" oder Reich der Anarchie.

Das am 4. September begonnene Verfassungswerk wurde am 23. Oktober beendet. Am 2. September hatte die Konstituante beschlossen, sich nicht aufzulösen, bis die organischen, die Konstitution ergänzenden Gesetze erlassen seien. Nichtsdestoweniger entschied sie sich nun, ihr eigenstes Geschöpf, den Präsidenten, schon am 10. Dezember in's Leben zu rufen, lange bevor der Kreislauf ihres eigenen Wirkens geschlossen war. So gewiß war sie, in dem Konstitutions-Homunculus den Sohn seiner Mutter zu begrüßen. Zur Vorsorge war die Anstalt getroffen, daß, wenn keiner der Kandidaten zwei Millionen Stimmen zähle, die Wahl von der Nation auf die Konstituante übergehe.

Vergebliche Vorkehrungen! Der erste Tag der Verwirklichung der Konstitution war der letzte Tag der Herrschaft der Konstituante. Im Abgrunde der Wahlurne lag ihr Todesurtheil. Sie suchte den „Sohn seiner Mutter", und sie fand den „Neffen seines Onkels". Saulus Cavaignac schlug eine Million Stimmen, aber David Napoleon schlug sechs Millionen. Sechsmal war Saulus Cavaignac geschlagen.

Der 10. Dezember 1848 war der Tag der Bauern=Insurrektion. Erst von diesem Tage an datirte der Februar für die französischen Bauern. Das Symbol, das ihren Eintritt in die revolutionäre Bewegung ausdrückte, unbeholfen=verschlagen, schurkisch=naiv, tölpelhaft=

sublim, ein berechneter Aberglaube, eine pathetische Burleske, ein genial alberner Anachronismus, eine weltgeschichtliche Eulenspiegelei, unentzifferbare Hieroglyphe für den Verstand der Civilisirten trug dies Symbol unverkennbar die Physiognomie der Klasse, welche innerhalb der Civilisation die Barbarei vertritt. Die Republik hatte sich bei ihr angekündigt mit dem Steuerexekutor, sie kündigte sich bei der Republik an mit dem Kaiser. Napoleon war der einzige Mann, der die Interessen und die Phantasie der 1789 neu geschaffenen Bauernklasse erschöpfend vertreten hatte. Indem sie seinen Namen auf das Frontispiz der Republik schrieb, erklärte sie nach Außen den Krieg, nach Innen die Geltendmachung ihres Klassen interesses. Napoleon, das war für die Bauern keine Person, sondern ein Programm. Mit Fahnen, mit klingendem Spiel zogen sie auf die Wahlstätte unter dem Rufe: plus d'impôts, à bas les riches, à bas la république, vive l'Empereur. Keine Steuern mehr, nieder mit den Reichen, nieder mit der Republik, es lebe der Kaiser! Hinter dem Kaiser verbarg sich der Bauernkrieg. Die Republik, die sie niedervotirt, es war die Republik der Reichen.

Der 10. Dezember war der coup d'état der Bauern, der die bestehende Regierung stürzte. Und von diesem Tage an, wo sie Frankreich eine Regierung genommen, eine Regierung gegeben hatten, war ihr Auge unverrückt auf Paris gerichtet. Einen Augenblick aktive Helden des revolutionären Dramas, konnten sie nicht mehr in die that= und willenlose Rolle des Chors zurückgedrängt werden.

Die übrigen Klassen trugen bei, den Wahlsieg der Bauern zu vervollständigen. Die Wahl Napoleon's, sie war für das Prole= tariat die Absetzung Cavaignac's, der Sturz der Konstituante, die Abdankung des Bourgeoisrepublikanismus, die Kassation des Juni= sieges. Für die kleine Bourgeoisie war Napoleon die Herrschaft des Schuldners über den Gläubiger. Für die Majorität der großen Bourgeoisie war die Wahl Napoleon's der offene Bruch mit der Fraktion, deren sie sich einen Augenblick gegen die Revolution be= dienen mußte, die ihr aber unerträglich wurde, sobald sie die Stellung des Augenblicks als konstitutionelle Stellung zu befestigen suchte. Napoleon an der Stelle Cavaignac's, es war für sie die Monarchie an der Stelle der Republik, der Beginn der royalistischen Restau= ration, der schüchtern angedeutete Orleans, die unter Veilchen ver= steckte Lilie. Die Armee endlich stimmte in Napoleon gegen die Mobilgarde, gegen die Friedensidylle, für den Krieg.

So geschah es, wie die „Neue Rheinische Zeitung" sagte, daß der einfältigste Mann Frankreichs die vielfältigste Bedeutung erhielt. Eben weil er nichts war, konnte er Alles bedeuten, nur nicht sich selbst. So verschieden indessen der Sinn des Namens Napoleon im Munde der verschiedenen Klassen sein mochte, jede schrieb mit diesem Namen auf ihr Bulletin: Nieder mit der Partei des „National," nieder mit Cavaignac, nieder mit der Konstituante, nieder mit der Bourgeoisrepublik. Der Minister Dufaure erklärte es öffentlich in der konstituirenden Versammlung: Der 10. Dezember ist ein zweiter 24. Februar.

Kleinbürgerschaft und Proletariat hatten en bloc für Napoleon gestimmt, um gegen Cavaignac zu stimmen und durch Zusammenhalten der Stimmen der Konstituante die schließliche Entscheidung zu entreißen. Indeß stellte der fortgeschrittenste Theil beider Klassen seine eigenen Kandidaten auf. Napoleon war der Kollektivname aller gegen die Bourgeoisrepublik koalisirten Parteien, Ledru-Rollin und Raspail waren die Eigennamen, jener der demokratischen Kleinbürgerschaft, dieser des revolutionären Proletariats. Die Stimmen für Raspail — die Proletarier und ihre sozialistischen Wortführer erklärten es laut — sollten eine bloße Demonstration sein, eben so viele Proteste gegen jede Präsidentur, d. h. gegen die Konstitution selbst, eben so viele Stimmen gegen Ledru-Rollin, der erste Akt, wodurch das Proletariat sich als selbstständige politische Partei von der demokratischen Partei lossagte. Diese Partei dagegen — die demokratische Kleinbürgerschaft und ihr parlamentarischer Repräsentant, die Montagne — behandelten die Kandidatur Ledru-Rollin's mit all dem Ernste, womit sie sich selbst zu dupiren die feierliche Angewöhnung haben. Es war dies übrigens ihr letzter Versuch, sich als selbstständige Partei dem Proletariat gegenüber aufzuwerfen. Nicht nur die republikanische Bourgeoispartei, auch die demokratische Kleinbürgerschaft und ihre Montagne wurden am 10. Dezember geschlagen.

Frankreich besaß jetzt neben einer Montagne einen Napoleon, Beweis, daß beide nur die leblosen Zerrbilder der großen Wirklichkeiten waren, deren Namen sie trugen. Louis Napoleon mit dem Kaiserhut und dem Adler parodirte nicht elender den alten Napoleon, als die Montagne mit ihren 1793 entlehnten Phrasen und ihren demagogischen Posen die alte Montagne parodirte. Der traditionelle Aberglaube an 1793 wurde so gleichzeitig abgestreift mit dem traditionellen Aberglauben an Napoleon. Die Revolution war erst bei sich selbst angelangt, sobald sie ihren eigenen, originellen Namen gewonnen hatte, und das konnte sie nur, sobald die moderne revolutionäre Klasse, das industrielle Proletariat, herrschend in ihren Vordergrund trat. Man kann sagen, daß der 10. Dezember die Montagne schon darum verblüffte und an ihrem eigenen Verstand irre werden ließ, weil er die klassische Analogie mit der alten Revolution durch einen schnöden Bauernwitz lachend abbrach).

Am 20. Dezember legte Cavaignac sein Amt nieder und die konstituirende Versammlung proklamirte Louis Napoleon als Präsidenten der Republik. Am 19. Dezember, dem letzten Tage ihrer Alleinherrschaft, verwarf sie den Antrag auf Amnestie der Juni-

Insurgenten. Das Dekret vom 27. Juni widerrufen, wodurch sie 15000 Insurgenten mit Umgehung des richterlichen Urtheils zur Deportation verdammt hatte, hieß es nicht die Junischlacht selbst widerrufen?

Odilon Barrot, der letzte Minister Louis Philipp's, wurde der erste Minister Louis Napoleon's. Wie Louis Napoleon den Tag seiner Herrschaft nicht vom 10. Dezember datirte, sondern von einem Senatusconsult von 1806, so fand er einen Ministerpräsidenten, der sein Ministerium nicht vom 20. Dezember datirte, sondern von einem königlichen Dekret vom 24. Februar. Als legitimer Erbe Louis Philipp's milderte Louis Napoleon den Regierungswechsel durch Beibehaltung des alten Ministeriums, das zudem keine Zeit gewonnen hatte, sich abzunutzen, weil es keine Zeit gefunden hatte, in's Leben zu treten.

Die Chefs der royalistischen Bourgeoisfraktionen riethen ihm zu dieser Wahl. Das Haupt der alten dynastischen Opposition, das bewußtlos den Uebergang zu den Republikanern des „National" gebildet hatte, war noch geeigneter, mit vollem Bewußtsein den Uebergang von der Bourgeoisrepublik zur Monarchie zu bilden.

Odilon Barrot war der Chef der einzigen alten Oppositionspartei, die, immer vergeblich nach dem Ministerportefeuille ringend, sich noch nicht verschlissen hatte. In rascher Aufeinanderfolge schleuderte die Revolution alle alten Oppositionsparteien auf die Staatshöhe, damit sie nicht nur in der That, sondern mit der Phrase selbst ihre alten Phrasen verleugnen, widerrufen mußten, und schließlich in einem widerlichen Mischkörper vereint allzumal von dem Volke auf den Schindanger der Geschichte geschleudert würden. Und keine Apostasie wurde diesem Barrot erspart, dieser Inkorporation des bürgerlichen Liberalismus, der achtzehn Jahre hindurch die schuftige Hohlheit seines Geistes unter ein ernstthuendes Benehmen seines Körpers versteckt hatte. Wenn in einzelnen Momenten der gar zu stechende Kontrast zwischen den Disteln der Gegenwart und den Lorbeeren der Vergangenheit ihn selbst aufschreckte, gab Ein Blick in den Spiegel die ministerielle Fassung und die menschliche Selbstbewunderung zurück. Was ihm aus dem Spiegel entgegenstrahlte, war Guizot, den er stets beneidet, der ihn stets gemeistert hatte, Guizot selbst, aber Guizot mit der olympischen Stirne Odilon's. Was er übersah, waren die Midasohren.

Der Barrot vom 24. Februar wurde erst offenbar in dem Barrot vom 20. Dezember. Ihm, dem Orleanisten und Voltairianer gesellte sich als Kultusminister bei — der Legitimist und Jesuit Falloux.

Wenige Tage später wurde das Ministerium des Innern an Leon Faucher, den Malthusianer, überwiesen. Das Recht, die Religion, die politische Oekonomie! Das Ministerium Barrot enthielt Alles dies und zudem eine Vereinigung der Legitimisten und

Orleanisten. Nur der Bonapartist fehlte. Noch versteckte Bonaparte das Gelüste, den Napoleon zu bedeuten, denn Soulouque spielte noch nicht den Toussaint l'Ouverture. Sofort wurde die Partei des „National" ausgehoben aus allen höheren Posten, worin sie sich eingenistet hatte. Polizeipräfektur, Postdirektion, Generalprokuratur, Mairie von Paris, Alles wurde mit alten Kreaturen der Monarchie besetzt. Changarnier, der Legitimist, erhielt das vereinigte Oberkommando der Nationalgarde des Seine-Departements, der Mobilgarde, und der Linientruppen der ersten Militär-Division; Bugeaud, der Orleanist, wurde zum Oberbefehlshaber der Alpen-Armee ernannt. Dieser Beamtenwechsel dauerte ununterbrochen fort unter der Regierung Barrot. Der erste Akt seines Ministeriums war die Restauration der alten royalistischen Administration. In einem Nu verwandelte sich die offizielle Szene — Koulissen, Kostüme, Sprache, Schauspieler, Figuranten, Statisten, Souffleure, Stellung der Parteien, Motive des Dramas, Inhalt der Kollision, die gesammte Situation. Nur die vorweltliche konstituirende Versammlung befand sich noch auf ihrem Platz. Aber von der Stunde, wo die Nationalversammlung den Bonaparte, wo Bonaparte den Barrot, wo Barrot den Changarnier installirt hatte, trat Frankreich aus der Periode der republikanischen Konstituirung in die Periode der konstituirten Republik. Und in der konstituirten Republik, was sollte eine konstituirende Versammlung? Nachdem die Erde geschaffen war, blieb ihrem Schöpfer nichts übrig, als in den Himmel zu flüchten. Die konstituirende Versammlung war entschlossen, nicht seinem Beispiele zu folgen, die Nationalversammlung war das letzte Asyl der Partei der Bourgeoisrepublikaner. Wenn ihr alle Handhaben der exekutiven Gewalt entrissen waren, blieb ihr nicht die konstituirende Allmacht? Den souveränen Posten, den sie inne hatte, unter allen Umständen behaupten und von hier aus das verlorene Terrain wiedererobern, es war ihr erster Gedanke. Das Ministerium Barrot durch ein Ministerium des „National" verdrängt, und das royalistische Personal mußte sofort die Paläste der Administration räumen und das trikolore Personal zog triumphirend wieder ein. Die Nationalversammlung beschloß den Sturz des Ministeriums, und das Ministerium selbst bot eine Gelegenheit des Angriffs, wie die Konstituante sie nicht passender erfinden konnte.

Man erinnert sich, daß Louis Bonaparte für die Bauern bedeutete: Keine Steuern mehr! Sechs Tage saß er auf dem Präsidentenstuhl und am siebenten Tage, am 27. Dezember, schlug sein Ministerium die Beibehaltung der Salzsteuer vor, deren Abschaffung die provisorische Regierung dekretirt hatte. Die Salzsteuer theilt mit der Weinsteuer das Privilegium, der Sündenbock des alten französischen Finanzsystems zu sein, besonders in den Augen des Landvolkes. Dem Auserwählten der Bauern konnte das Ministerium

Barrot kein beißenderes Epigramm auf seine Wähler in den Mund legen als die Worte: Wiederherstellung der Salzsteuer! Mit der Salzsteuer verlor Bonaparte sein revolutionäres Salz, der Napoleon der Bauerninsurrektion zerrann wie ein Nebelbild, und es blieb nichts zurück, als der große Unbekannte der royalistischen Bourgeoisintrigue. Und nicht ohne Absicht machte das Ministerium Barrot diesen Akt taktlos grober Enttäuschung zum ersten Regierungsakt des Präsidenten.

Die Konstituante ihrerseits ergriff begierig die doppelte Gelegenheit, das Ministerium zu stürzen und dem Erwählten der Bauern gegenüber sich als Vertreterin des Bauerninteresses aufzuwerfen. Sie verwarf den Vorschlag des Finanzministers, reduzirte die Salzsteuer auf ein Drittel ihres früheren Betrages, vermehrte so um 60 Millionen ein Staatsdefizit von 560 Millionen, und erwartete nach diesem Mißtrauensvotum ruhig den Abtritt des Ministeriums. So wenig begriff sie die neue Welt, von der sie umgeben war, und die eigene veränderte Stellung. Hinter dem Ministerium stand der Präsident und hinter dem Präsidenten standen 6 Millionen, die eben so viele Mißtrauensvota gegen die Konstituante in die Wahlurne niedergelegt hatten. Die Konstituante gab der Nation ihr Mißtrauensvotum zurück. Lächerlicher Austausch! Sie vergaß, daß ihre Vota den Zwangskurs verloren hatten. Die Verwerfung der Salzsteuer reifte nur den Entschluß Bonapartes und seines Ministeriums, mit der konstituirenden Versammlung „zu enden". Jenes lange Duell begann, das die ganze letzte Lebenshälfte der Konstituante ausfüllt. Der 29. Januar, der 21. März, der 3. Mai sind die journées, die großen Tage dieser Krise, ebensoviele Vorläufer des 13. Juni.

Die Franzosen, z. B. Louis Blanc, haben den 29. Januar als das Heraustreten eines konstitutionellen Widerspruchs aufgefaßt, des Widerspruchs zwischen einer souveränen, unauflösbaren, aus dem allgemeinen Stimmrecht hervorgegangenen Nationalversammlung und einem Präsidenten, dem Wortlaut nach ihr verantwortlich, der Wirklichkeit nach nicht nur ebenfalls sanktionirt durch das allgemeine Stimmrecht und zudem in seiner Person alle Stimmen vereinigend, die sich auf die einzelnen Mitglieder der Nationalversammlung vertheilen und hundertfach zersplittern, sondern auch im Vollbesitz der ganzen exekutiven Gewalt, über welcher die Nationalversammlung nur als moralische Macht schwebt. Diese Auslegung des 29. Januar verwechselt die Sprache des Kampfes auf der Tribüne, durch die Presse, in den Klubs, mit seinem wirklichen Inhalt. Louis Bonaparte gegenüber der konstituirenden Nationalversammlung, das war nicht eine einseitige konstitutionelle Gewalt gegenüber der anderen, das war nicht die vollziehende Gewalt gegenüber der gesetzgebenden, das war die konstituirte Bourgeoisrepublik selbst gegenüber den Werkzeugen ihrer Konstituirung, gegenüber den ehrsüchtigen Intriguen und den ideo=

logischen Forderungen der revolutionären Bourgeoisfraktion, welche sie begründet hatte und nun verwundert fand, daß ihre konstituirte Republik wie eine restaurirte Monarchie aussah, und nun gewaltsam die konstituirende Periode mit ihren Bedingungen, ihren Illusionen, ihrer Sprache und ihren Personen festhalten und die reife Bourgeoisrepublik verhindern wollte, in ihrer vollständigen und eigenthümlichen Gestalt herauszutreten. Wie die konstituirende Nationalversammlung den in sie zurückgefallenen Cavaignac vertrat, so Bonaparte die noch nicht von ihm losgeschiedene gesetzgebende Nationalversammlung, d. h. die Nationalversammlung der konstituirten Bourgeoisrepublik.

Die Wahl Bonapartes konnte sich erst auslegen, indem sie an die Stelle des einen Namens seine vielsinnigen Bedeutungen setzte, indem sie sich wiederholte in der Wahl der neuen Nationalversammlung. Das Mandat der alten hatte der 10. Dezember kassirt. Was sich also am 29. Januar gegenübertrat, das waren nicht der Präsident und die Nationalversammlung derselben Republik, das war die Nationalversammlung der werdenden Republik und der Präsident der gewordenen Republik, zwei Mächte, die ganz verschiedene Perioden des Lebensprozesses der Republik verkörperten, das war die kleine republikanische Fraktion der Bourgeoisie, welche allein die Republik proklamiren, sie dem revolutionären Proletariat durch den Straßenkampf und durch die Schreckensherrschaft abringen und in der Konstitution ihre idealen Grundzüge entwerfen konnte, und andererseits die ganze royalistische Masse der Bourgeoisie, welche allein in dieser konstituirten Bourgeoisrepublik herrschen, der Konstitution ihre ideologischen Zuthaten abstreifen und die unumgänglichen Bedingungen zur Unterjochung des Proletariats durch ihre Gesetzgebung und durch ihre Administration verwirklichen konnte.

Das Ungewitter, das sich am 29. Januar entlud, sammelte seine Elemente während des ganzen Monats Januar. Die Konstituante wollte durch ihr Mißtrauensvotum das Ministerium Barrot zur Abdankung treiben. Das Ministerium Barrot schlug dagegen der Konstituante vor, sich selbst ein definitives Mißtrauensvotum zu geben, ihren Selbstmord zu beschließen, ihre eigene Auflösung zu dekretiren. Rateau, einer der obskursten Deputirten, stellte der Konstituante, auf Befehl des Ministeriums, am 6. Januar diesen Antrag, derselben Konstituante, die schon im August beschlossen hatte, sich nicht aufzulösen, bis sie eine ganze Reihe organischer, die Konstitution ergänzender Gesetze erlassen hatte. Der ministerielle Fould erklärte ihr geradezu, ihre Auflösung sei nöthig, „zur Wiederherstellung des gestörten Kredits." Und störte sie nicht den Kredit, indem sie das Provisorium verlängerte und mit Barrot den Bonaparte, und mit Bonaparte die konstituirte Republik wieder in Frage stellte? Barrot, der Olympische, zum rasenden Roland geworden durch die Aussicht, die endlich erhaschte Ministerpräsidentschaft, die ihm die Republikaner schon einmal um ein Dezennium, d. h. um zehn Monate vertagt hatten, nach kaum zwei wöchentlichem Genusse sich wieder entrissen zu sehen, Barrot über tyrannisirte dieser elenden Versammlung gegenüber den Tyrannen. Das mildeste seiner Worte war, „mit ihr sei keine Zukunft möglich." Und wirklich, sie vertrat nur noch die Vergangenheit. „Sie sei unfähig," fügte er ironisch hinzu, „die Republik mit den Institutionen zu umgeben, die zu ihrer Befestigung nöthig seien." Und in der That! Mit dem ausschließlichen Gegensatz gegen das Proletariat war gleichzeitig ihre Bourgeoisenergie gebrochen, und mit dem Gegensatz gegen die Royalisten ihre republikanische Ueberschwänglichkeit neu aufgelebt. So war sie doppelt unfähig, die Bourgeois-Republik, die sie nicht mehr begriff, durch die entsprechenden Institutionen zu befestigen.

Mit dem Vorschlag Rateau's beschwor das Ministerium gleichzeitig einen Petitionssturm im ganzen Lande herauf, und täglich flogen aus allen Winkeln Frankreichs der Konstituante Ballen von billets-doux an den Kopf, worin sie mehr oder minder kategorisch ersucht wurde, sich aufzulösen und ihr Testament zu machen. Die Konstituante ihrerseits rief Gegenpetitionen hervor, worin sie sich auffordern ließ, am Leben zu bleiben. Der Wahlkampf zwischen Bonaparte und Cavaignac erneuerte sich als Petitionenkampf für und gegen die Auflösung der Nationalversammlung. Die Petitionen sollten die nachträglichen Kommentare des 10. Dezember sein. Während des ganzen Januars dauerte diese Agitation fort.

In dem Konflikt zwischen der Konstituante und dem Präsidenten konnte sie nicht auf die allgemeine Wahl als ihren Ursprung zurückgehen, denn man appellirte von ihr an das allgemeine Stimmrecht. Sie konnte sich auf keine regelmäßige Gewalt stützen, denn es handelte sich um den Kampf gegen die legale Gewalt. Sie konnte das Ministerium nicht durch Mißtrauensvota stürzen, wie sie es noch einmal am 6. und 26. Januar versuchte, denn das Ministerium verlangte ihr Vertrauen nicht. Es blieb ihr nur eine Möglichkeit, die der Insurrektion. Die Streitkräfte der Insurrektion waren der republikanische Theil der Nationalgarde, die Mobilgarde und die Centren des revolutionären Proletariats, die Klubs. Die Mobilgarden, diese Helden der Junitage, bildeten ebenso im Dezember die organisirte Streitkraft der republikanischen Bourgeoisfraktionen, wie vor dem Juni die Nationalateliers die organisirte Streitkraft des revolutionären Proletariats gebildet hatten. Wie die exekutive Kommission der Konstituante ihren brutalen Angriff auf die Nationalateliers richtete, als sie mit den unerträglich gewordenen Ansprüchen des Proletariats enden mußte, so das Ministerium Bonapartes auf die Mobilgarde, als es mit den unerträglich gewordenen Ansprüchen der republikanischen Bourgeoisfraktionen enden mußte. Es verordnete die Auflösung der Mobilgarde. Die eine Hälfte derselben wurde entlassen und auf das Pflaster geworfen, die andere erhielt an der Stelle der demokratischen Organisation eine monarchische, und ihr Sold wurde auf den gewöhnlichen Sold der Linientruppen herabgesetzt. Die Mobilgarde fand sich in der Lage der Juni-Insurgenten, und täglich brachte die Zeitungspresse öffentliche Beichten, worin sie ihre Schuld vom Juni bekannten und das Proletariat um Vergebung anflehten.

Und die Klubs? Von dem Augenblick, wo die konstituirende Versammlung in Barrot den Präsidenten, und in dem Präsidenten die konstituirte Bourgeoisrepublik und in der konstituirten Bourgeoisrepublik die Bourgeoisrepublik überhaupt in Frage stellte, reihten sich nothwendig alle konstituirenden Elemente der Februarrepublik um sie zusammen, alle Parteien, welche die vorhandene Republik umstürzen und sie durch einen gewaltsamen Rückbildungsprozeß als die Republik ihrer Klasseninteressen und Prinzipien umgestalten wollten. Das Geschehene war wieder ungeschehen, die Kristallisationen der revolutionären Bewegung waren wieder flüssig geworden, die Republik, um die gekämpft wurde, war wieder die unbestimmte Republik der Februartage, deren Bestimmung sich jede Partei vorbehielt. Die Parteien nahmen einen Augenblick wieder ihre alten Februarstellungen ein, ohne die Illusionen des Februar zu theilen. Die trikoloren Republikaner des „National" lehnten sich wieder auf die demokratischen Republikaner der „Réforme" und drängten sie als Vorkämpfer in den Vordergrund des parlamentarischen Kampfes. Die demokratischen Republikaner lehnten sich wieder auf die sozialistischen Republikaner — am 27. Januar verkündete ein öffentliches Manifest ihre Aussöhnung und Vereinigung — und bereiteten sich in den Klubs ihren insurrektionellen Hintergrund. Die ministerielle Presse behandelte mit Recht die trikoloren Republikaner des „National" als die wiedererstandenen Insurgenten des Juni. Um sich an der Spitze der Bourgeoisrepublik zu behaupten, stellten sie die Bourgeoisrepublik selbst in Frage. Am 26. Januar schlug der Minister Faucher ein Gesetz über das Assoziationsrecht vor, dessen erster Paragraph lautete: „Die Klubs sind untersagt." Er stellte den Antrag, diesen Gesetzentwurf sofort als dringlich zur Diskussion zu bringen. Die Konstituante verwarf den Dringlichkeitsantrag, und am 27. Januar deponirte Ledru-Rollin einen Antrag auf Versetzung des Ministeriums in Anklagezustand wegen Verletzung der Konstitution, unterzeichnet von 230 Unterschriften. Die Versetzung des Ministeriums in Anklagezustand im Augenblicke, wo ein solcher Akt die taktlose Enthüllung der Ohnmacht des Richters, nämlich der Kammermajorität, war, oder ein ohnmächtiger Protest des Anklägers gegen diese Majorität selbst, das war der große revolutionäre Trumpf, den die nachgeborene Montagne von nun an auf jedem Höhepunkte der Krise ausspielte. Arme Montagne, von der Wucht ihres eigenen Namens erdrückt!

Blanqui, Barbès, Raspail usw. hatten am 15. Mai die konstituirende Versammlung zu sprengen versucht, indem sie an der Spitze des Pariser Proletariats in ihren Sitzungssaal eindrangen. Barrot bereitete derselben Versammlung einen moralischen 15. Mai vor, indem er ihre Selbstauflösung diktiren und ihren Sitzungssaal schließen wollte. Dieselbe Versammlung hatte Barrot mit der Enquête gegen die Maiangeklagten beauftragt und jetzt, in diesem Augenblicke, wo er ihr gegenüber als royalistischer Blanqui erschien, wo sie ihm gegenüber in den Klubs, bei den revolutionären Proletariern, in der Partei Blanqui's ihre Alliirten suchte, in diesem Augenblick folterte der unerbittliche Barrot sie mit dem Antrag, die Maigefangenen dem Geschworenengerichte zu entziehen und dem von der Partei des „National" erfundenen Hochgericht, der haute cour zu überweisen. Merkwürdig, wie die aufgehetzte Angst um ein Ministerportefeuille aus dem Kopfe eines Barrot Pointen, würdig eines Beaumarchais, herausschlagen konnte! Die Nationalversammlung nach langem Schwanken nahm seinen Antrag an. Den Maiattentätern gegenüber trat sie in ihren normalen Charakter zurück.

Wenn die Konstituante dem Präsidenten und den Ministern gegenüber zur Insurrektion, so wurde der Präsident und das Ministerium der Konstituante gegenüber zum Staatsstreich gedrängt, denn sie besaßen kein gesetzliches Mittel, sie aufzulösen. Aber die Konstituante war die Mutter der Konstitution und die Konstitution war die Mutter des Präsidenten. Mit dem Staatsstreich zerriß der Präsident die Konstitution und löschte seinen republikanischen Rechtstitel aus. Er war dann gezwungen, den imperialistischen Rechtstitel hervorzuziehen; aber der imperialistische Rechtstitel rief den orleanistischen wach und beide erbleichten vor dem legitimistischen Rechtstitel. Der Niederfall der legalen Republik konnte nur ihren äußersten Gegenpol in die Höhe schnellen, die legitimistische Monarchie, in einem Augenblick, wo die orleanistische Partei nur noch die Besiegte des Februar und Bonaparte nur noch der Sieger des 10. Dezember war, wo beide der republikanischen Usurpation nur noch ihre ebenfalls usurpirten monarchischen Titel entgegen halten konnten. Die Legitimisten waren sich der Gunst des Augenblicks bewußt, sie konspirirten am offenen Tage. In dem General Changarnier konnten sie hoffen ihren Monk zu finden. Die Herankunft der weißen Monarchie wurde eben so offen verkündet in ihren Klubs, wie in den proletarischen die der rothen Republik.

Durch eine glücklich unterdrückte Emeute wäre das Ministerium allen Schwierigkeiten entgangen. „Die Gesetzlichkeit tödtet uns," rief Odilon Barrot aus. Eine Emeute hätte erlaubt, unter dem

Vorwand des salut public die Konstituante aufzulösen, die Konstitution im Interesse der Konstitution selbst zu verletzen. Das brutale Auftreten Odilon Barrot's in der Nationalversammlung, der Antrag auf Auflösung der Klubs, die geräuschvolle Absetzung von 50 trikoloren Präfekten und ihre Ersetzung durch Royalisten, die Auflösung der Mobilgarde, die Mißhandlung ihrer Chefs durch Changarnier, die Wiedereinsetzung Lherminier's, des schon unter Guizot unmöglichen Professors, die Duldung der legitimistischen Renommistereien, — es waren ebenso viele Herausforderungen der Emeute. Aber die Emeute blieb stumm. Sie erwartete ihr Signal von der Konstituante und nicht vom Ministerium.

Endlich kam der 29. Januar, der Tag, an dem über Mathieu's (de la Drôme) Antrag auf unbedingte Verwerfung des Rateau'schen Antrags entschieden werden sollte. Legitimisten, Orleanisten, Bonapartisten, Mobilgarde, Montagne, Klubs, Alles konspirirte an diesem Tage, Jeder ebensosehr gegen den angeblichen Feind, als gegen den angeblichen Bundesgenossen. Bonaparte hoch zu Roß musterte einen Theil der Truppen auf dem Konkordiaplatz, Changarnier schauspielerte mit einem Aufwand strategischer Manöver, die Konstituante fand ihr Sitzungsgebäude militärisch besetzt. Sie, der Mittelpunkt aller sich durchkreuzenden Hoffnungen, Befürchtungen, Erwartungen, Gährungen, Spannungen, Verschwörungen, die löwenmüthige Versammlung schwankte keinen Augenblick, als sie dem Weltgeist näher trat denn sonst. Sie glich jenem Kämpfer, der nicht nur den Gebrauch seiner eigenen Waffe fürchtete, sondern sich auch verpflichtet fühlte, die Waffen seines Gegners unversehrt zu erhalten. Mit Todesverachtung unterzeichnete sie ihr eigenes Todesurtheil und verwarf die unbedingte Verwerfung des Rateau'schen Antrages. Selbst im Belagerungszustand setzte sie einer konstituirenden Thätigkeit Grenzen, deren nothwendiger Rahmen der Belagerungszustand von Paris gewesen war. Sie rächte sich, ihrer würdig, indem sie am anderen Tage eine Enquête über den Schrecken verhängte, den ihr das Ministerium am 29. Januar eingejagt hatte. Die Montagne bewies ihren Mangel an revolutionärer Energie und politischem Verstand, indem sie von der Partei des „National" sich als Rufer im Streit in dieser großen Intriguenkomödie verbrauchen ließ. Die Partei des „National" hatte den letzten Versuch gemacht, das Monopol der Herrschaft, das sie während der Entstehungsperiode der Bourgeoisrepublik besaß, in der konstituirten Republik weiter zu behaupten. Sie war gescheitert.

Handelte es sich in der Januarkrise um die Existenz der Konstituante, so in der Krise vom 21. März um die Existenz der Konstitution, dort um das Personal der Nationalpartei, hier um ihr Ideal. Es bedarf keiner Andeutung, daß die honetten Republikaner das Hochgefühl ihrer Ideologie wohlfeiler preisgaben als den weltlichen Genuß der Regierungsgewalt.

Am 21. März stand auf der Tagesordnung der National
versammlung Faucher's Gesetzentwurf gegen das Assoziationsrecht:
die Unterdrückung der Klubs. Artikel 8 der Konstitution
garantirt allen Franzosen das Recht, sich zu assoziiren. Die Unter
sagung der Klubs war also eine unzweideutige Verletzung der
Konstitution, und die Konstituante selbst sollte die Schändung ihrer
Heiligen kanonisiren. Aber die Klubs, das waren die Sammel
punkte, die Konspirationssitze des revolutionären Proletariats. Die
Nationalversammlung selbst hatte die Koalition der Arbeiter gegen
ihre Bourgeois untersagt. Und die Klubs, was waren sie anders
als eine Koalition der gesammten Arbeiterklasse gegen die gesammte
Bourgeoisklasse, die Bildung eines Arbeiterstaats gegen den Bour
geoisstaat? Waren sie nicht eben so viele konstituirende Versamm=
lungen des Proletariats und eben so viele schlagfertige Armee-
abtheilungen der Revolte? Was die Konstitution vor Allem kon
stituiren sollte, es war die Herrschaft der Bourgeoisie. Die Kon
stitution konnte also offenbar unter dem Assoziationsrecht nur die
mit der Herrschaft der Bourgeoisie d. h. mit der bürgerlichen Ord=
nung in Einklang befindlichen Assoziationen verstehen. Wenn sie
sich aus theoretischem Anstand allgemein ausdrückte, war nicht die
Regierung da und die Nationalversammlung, um sie im besonderen
Fall auszulegen und anzuwenden? Und wenn in der urweltlichen
Epoche der Republik die Klubs thatsächlich untersagt waren durch
den Belagerungszustand, mußten sie nicht in der geregelten, konsti=
tuirten Republik untersagt sein durch das Gesetz? Die trikoloren
Republikaner hatten dieser prosaischen Auslegung der Konstitution
nichts entgegen zu halten als die überschwängliche Phrase der Kon=
stitution. Ein Theil derselben, Pagnerre, Duclerc ꝛc. stimmten für
das Ministerium und verschaffte ihm so die Majorität. Der andere
Theil, den Erzengel Cavaignac und den Kirchenvater Marrast an
der Spitze, zogen sich, nachdem der Artikel über die Untersagung der
Klubs durchgegangen war, mit Ledru=Rollin und der Montagne
vereint, in einen besonderen Bureausaal zurück — „und hielten einen
Rath". — Die Nationalversammlung war gelähmt, sie zählte nicht
mehr die beschlußfähige Stimmzahl. Zur rechten Zeit erinnerte
Herr Cremieux in dem Bureausaal, daß von hier der Weg direkt
auf die Straße führe, und daß man nicht mehr Februar 1848 zähle,
sondern März 1849. Die Partei des „National", plötzlich erleuchtet,
kehrte in den Sitzungssaal der Nationalversammlung zurück, hinter
ihr die abermals dupirte Montagne, die, beständig gequält von
revolutionären Gelüsten, ebenso beständig nach konstitutionellen
Möglichkeiten haschte und sich immer noch mehr auf ihrem Platze
fühlte hinter den Bourgeoisrepublikanern als vor dem revolutio=
nären Proletariat. So war die Komödie gespielt. Und die Kon=
stituante selbst hatte dekretirt, daß die Verletzung des Wortlautes

der Konstitution die einzig entsprechende Verwirklichung ihres Wortsinns sei.

Es blieb nur noch Ein Punkt zu regeln, das Verhältniß der konstituirten Republik zur europäischen Revolution, ihre auswärtige Politik. Am 8. Mai 1849 herrschte eine ungewohnte Aufregung in der konstituirenden Versammlung, deren Lebenstermin in wenigen Tagen ablaufen sollte. Der Angriff der französischen Armee auf Rom, ihre Zurücktreibung durch die Römer, ihre politische Infamie und ihre militärische Blamage, der Meuchelmord der römischen Republik durch die französische Republik, der erste italienische Feldzug des zweiten Bonaparte stand auf der Tagesordnung. Die Montagne hatte abermals ihren großen Trumpf ausgespielt, Ledru=Rollin hatte den unvermeidlichen Anklageakt gegen das Ministerium und diesmal auch gegen Bonaparte wegen Verletzung der Konstitution auf den Tisch des Präsidenten niedergelegt. Das Motiv des 8. Mai wiederholte sich später als Motiv des 13. Juni. Verständigen wir uns über die römische Expedition.

Cavaignac hatte schon Mitte November 1848 eine Kriegsflotte nach Civita vecchia expedirt, um den Papst zu beschützen, an Bord zu nehmen und nach Frankreich überzusegeln. Der Papst sollte die honette Republik einsegnen und die Wahl Cavaignac's zum Präsidenten sichern. Mit dem Papst wollte Cavaignac die Pfaffen, mit den Pfaffen die Bauern und mit den Bauern die Präsidentschaft angeln. Eine Wahlreklame ihrem nächsten Zwecke nach, war die Expedition Cavaignac's gleichzeitig ein Protest und eine Drohung gegen die römische Revolution. Sie enthielt im Keim die Intervention Frankreichs zu Gunsten des Papstes.

Diese Intervention für den Papst mit Oesterreich und Neapel gegen die römische Republik wurde beschlossen in der ersten Sitzung des Ministerraths Bonaparte am 23. Dezember. Falloux im Ministerium, das war der Papst in Rom und im Rom — des Papstes. Bonaparte brauchte den Papst nicht mehr, um der Präsident der Bauern zu werden, aber er brauchte die Konservation des Papstes, um die Bauern des Präsidenten zu konserviren. Ihre Leichtgläubigkeit hatte ihn zum Präsidenten gemacht. Mit dem Glauben verloren sie die Leichtgläubigkeit und mit dem Papste den Glauben. Und die koalisirten Orleanisten und Legitimisten, die in Bonapartes Namen herrschten! Ehe der König restaurirt wurde, mußte die Macht restaurirt werden, welche die Könige heiligt. Abgesehen von ihrem Royalismus: ohne das alte, seiner weltlichen Herrschaft unterworfene Rom kein Papst, ohne den Papst kein Katholizismus, ohne den Katholizismus keine französische Religion, und ohne Religion, was wurde aus der alten französischen Gesellschaft? Die Hypothek, welche der Bauer auf die himmlischen Güter besitzt, garantirt die Hypothek, welche der Bourgeois auf die Bauerngüter besitzt. Die römische Revolution war also ein Attentat auf das Eigenthum, auf die bürgerliche Ordnung, furchtbar wie die Junirevolution. Die wieder hergestellte Bourgeoisherrschaft in Frankreich erheischte die Restauration der päpstlichen Herrschaft in Rom. Endlich schlug man in den römischen Revolutionären die Alliirten der französischen Revolutionäre; die Allianz der kontrerevolutionären Klassen in der konstituirten französischen Republik ergänzte sich nothwendig in der Allianz der französischen Republik mit der heiligen Allianz, mit Neapel und Oesterreich. Der Ministerrathsbeschluß vom 23. Dezember war kein Geheimniß für die Konstituante. Schon am 8. Januar hatte Ledru-Rollin das Ministerium über denselben interpellirt, das Ministerium hatte geläugnet, die Nationalversammlung war zur Tagesordnung übergegangen. Traute sie den Worten des Ministeriums? Wir wissen, daß sie den ganzen Monat Januar damit zubrachte, ihm Mißtrauensvota zu geben. Aber wenn es in seiner Rolle war, zu lügen, war es in ihrer Rolle, den Glauben an seine Lüge zu heucheln und damit die republikanischen dehors zu retten.

Unterdessen war Piemont geschlagen, Karl Albert hatte abgedankt, die österreichische Armee pochte an die Thore Frankreichs. Ledru-Rollin interpellirte heftig. Das Ministerium bewies, daß es in Norditalien nur die Politik Cavaignac's, und Cavaignac nur die Politik der provisorischen Regierung, d. h. Ledru-Rollin's fortgesetzt habe. Diesmal erntete es von der Nationalversammlung sogar ein Vertrauensvotum und wurde autorisirt, einen gelegenen Punkt Oberitaliens temporär zu besetzen, um so der friedlichen Unterhandlung mit Oesterreich über die Integrität des sardinischen Gebiets und die römische Frage einen Hinterhalt zu geben. Bekanntlich wird das Schicksal Italiens auf den Schlachtfeldern Norditaliens entschieden. Mit der Lombardei und Piemont war daher Rom gefallen oder Frankreich mußte den Krieg an Oesterreich und damit an die europäische Kontrerevolution erklären. Hielt die Nationalversammlung plötzlich das Ministerium Barrot für den alten Wohlfahrtsausschuß? Oder sich selbst für den Konvent? Wozu also die militärische Besetzung eines Punktes in Oberitalien? Man versteckte unter diesem durchsichtigen Schleier die Expedition gegen Rom.

Am 14. April segelten 14 000 Mann unter Oudinot nach Civitavecchia, am 16. April bewilligte die Nationalversammlung dem Ministerium einen Kredit von 1 200 000 Frcs. zur dreimonatlichen Unterhaltung einer Interventionsflotte im Mittelmeer. So gab sie dem Ministerium alle Mittel, gegen Rom zu interveniren, während sie sich stellte, als lasse sie es gegen Oesterreich interveniren. Sie sah nicht, was das Ministerium that, sie hörte nur, was es sagte. Solcher Glaube ward nicht in Israel gefunden, die Konstituante war in die Lage gerathen, nicht wissen zu dürfen, was die konstituirte Republik thun mußte.

Endlich am 8. Mai wurde die letzte Szene der Komödie gespielt, die Konstituante forderte das Ministerium zu schleunigen Maßregeln auf, um die italienische Expedition auf das ihr gesteckte Ziel zurückzuführen. Bonaparte inserirte denselben Abend einen Brief in den „Moniteur", worin er Oudinot die größte Anerkennung spendete. Am 11. Mai verwarf die Nationalversammlung den Anklageakt gegen denselben Bonaparte und sein Ministerium. Und die Montagne, die, statt diese Gewebe des Betruges zu zerreißen, die parlamentarische Komödie tragisch nimmt, um selbst in ihr die Rolle des Fouquier Tinville zu spielen, verrieth sie nicht unter der erborgten Konvents-Löwenhaut das angeborene kleinbürgerliche Kalbsfell!

Die letzte Lebenshälfte der Konstituante resumirt sich dahin: Sie gesteht am 29. Januar, daß die royalistischen Bourgeoisfraktionen die natürlichen Vorgesetzten der von ihr konstituirten Republik sind, am 21. März, daß die Verletzung der Konstitution ihre Verwirklichung ist, und am 11. Mai, daß die bombastisch angekündigte passive Allianz der französischen Republik mit den ringenden Völkern ihre aktive Allianz mit der europäischen Kontrerevolution bedeutet.

Diese elende Versammlung trat von der Bühne ab, nachdem sie noch zwei Tage vor der Jahresfeier ihres Geburtstages, des 4. Mai, sich die Genugthuung gegeben hatte, den Antrag auf Amnestie der Juni-Insurgenten zu verwerfen. Ihre Macht zerbrochen, von dem Volke tödtlich gehaßt, zurückgestoßen, mißhandelt, verächtlich bei Seite geworfen von der Bourgeoisie, deren Werkzeug sie war, gezwungen, in der zweiten Hälfte ihrer Lebensepoche die erste zu desavouiren, ihrer republikanischen Illusion beraubt, ohne große Schöpfungen in der Vergangenheit, ohne Hoffnung in der Zukunft, bei lebendigem Leibe stückweis absterbend, wußte sie ihre eigne Leiche nur noch zu galvanisiren, indem sie den Junisieg sich beständig zurückrief und nachträglich wieder durchlebte, sich bestätigte durch die stets wiederholte Verdammung der Verdammten. Vampyr, der von dem Blute der Juni-Insurgenten lebte!

Sie hinterließ das Staatsdefizit, vergrößert durch die Kosten der Juni-Insurrektion, durch den Ausfall der Salzsteuer, durch die Entschädigungen, die sie den Plantagebesitzern für die Aufhebung der Negersklaverei zuwies, durch die Kosten der römischen Expedition, durch den Ausfall der Weinsteuer, deren Abschaffung sie, in den letzten Zügen liegend, noch beschloß, ein schadenfroher Greis, glücklich, seinem lachenden Erben eine kompromittirende Ehrenschuld aufzubürden.

Seit Anfang März hatte die Wahlagitation für die gesetzgebende Nationalversammlung begonnen. Zwei Hauptgruppen traten sich gegenüber, die Partei der Ordnung und die demokratisch-sozialistische oder rothe Partei, zwischen beiden standen die Freunde der Konstitution, unter welchen Namen die trikoloren Republikaner des „National" eine Partei vorzustellen suchten. Die Partei der Ordnung bildete sich unmittelbar nach den Junitagen; erst nachdem der 10. Dezember ihr erlaubt hatte, die Koterie des „National", der Bourgeoisrepublikaner, von sich abzustoßen, enthüllte sich das Geheimniß ihrer Existenz, die Koalition der Orleanisten und Legitimisten zu einer Partei. Die Bourgeoisklasse zerfiel in zwei große Fraktionen, die abwechselnd, das große Grundeigenthum unter der restaurirten Monarchie, die Finanzaristokratie und die industrielle Bourgeoisie unter der Julimonarchie, das Monopol der Herrschaft behauptet hatten. Bourbon war der königliche Name für den überwiegenden Einfluß der Interessen der einen Fraktion, Orleans der königliche Name für den überwiegenden Einfluß der Interessen der anderen Fraktion das namenlose Reich der Republik war das einzige, worin beide Fraktionen in gleichmäßiger Herrschaft das gemeinsame Klasseninteresse behaupten konnten, ohne ihre wechselseitige Rivalität aufzugeben. Wenn die Bourgeoisrepublik nichts Anderes sein konnte, als die vervollständigte und rein herausgetretene Herrschaft der gesammten Bourgeoisklasse, konnte sie etwas Anderes sein, als die Herrschaft der durch die Legitimisten ergänzten Orleanisten und der durch die Orleanisten ergänzten Legitimisten, die Synthese der Restauration und Julimonarchie? Die Bourgeoisrepublikaner des „National" vertraten keine auf ökonomischen Grundlagen beruhende große Fraktion ihrer Klasse. Sie hatten nur die Bedeutung und den historischen Titel, unter der Monarchie den beiden Bourgeoisfraktionen gegenüber, die nur ihr besonderes Regime begriffen, das allgemeine Regime der Bourgeoisklasse geltend gemacht zu haben, das namenlose Reich der Republik, das sie sich idealisirten und mit antiken Arabesken ausschmückten, worin sie aber vor Allem die Herrschaft ihrer Koterie begrüßten. Wenn die Partei des „National" an ihrem eignen Verstande irre wurde, als sie auf dem Gipfel der von ihr begründeten Republik die koalisirten Royalisten erblickte, so täuschten diese selbst sich nicht minder über die Thatsache ihrer vereinigten Herrschaft. Sie begriffen nicht, daß, wenn jede ihrer Fraktionen, für sich getrennt betrachtet, royalistisch war, das Produkt ihrer chemischen Verbindung nothwendig republikanisch sein mußte, daß die weiße und die blaue Monarchie sich neutralisiren mußten in der trikoloren Republik. Gezwungen durch den Gegensatz zu dem revolutionären Proletariat und den mehr und mehr um dasselbe als Centrum sich hindrängenden Uebergangsklassen, ihre vereinte Kraft aufzubieten und die Organisation dieser vereinten Kraft zu konserviren, mußte jede der Fraktionen der Ordnungspartei, den Restaurations- und Ueberhebungsgelüsten der anderen gegenüber, die gemeinsame Herrschaft, d. h. die republikanische Form der Bourgeoisherrschaft geltend machen. So finden wir diese Royalisten im

Anfang an eine unmittelbare Restauration glaubend, später die republikanische Form konservirend mit Wuthschaum, mit tödtlichen Invektiven gegen sie auf den Lippen, schließlich gestehen, daß sie sich nur in der Republik vertragen können und die Restauration auf's Unbestimmte vertagen. Der Genuß der vereinigten Herrschaft selbst stärkte jede der beiden Fraktionen und machte sie noch unfähiger und unwilliger, sich der anderen unterzuordnen, d. h. die Monarchie zu restauriren.

Die Partei der Ordnung proklamirte direkt in ihrem Wahl= programm die Herrschaft der Bourgeoisklasse, d. h. die Aufrecht= erhaltung der Lebensbedingungen ihrer Herrschaft, des Eigen= thums, der Familie, der Religion, der Ordnung! Sie stellte ihre Klassenherrschaft und die Bedingungen ihrer Klassenherrschaft natürlich als die Herrschaft der Civilisation und als die noth= wendigen Bedingungen der materiellen Produktion, wie der aus ihr hervorgehenden gesellschaftlichen Verkehrsverhältnisse dar. Die Partei der Ordnung gebot über ungeheure Geldmittel, sie organisirte ihre Succursalen in ganz Frankreich, sie hatte sämmtliche Ideologen der alten Gesellschaft in ihrem Lohn, sie verfügte über den Einfluß der bestehenden Regierungsgewalt, sie besaß ein Heer unbezahlter Vasallen in der ganzen Masse der Kleinbürger und Bauern, die, der revolu= tionären Bewegung noch fernstehend, in den Großwürdenträgern des Eigenthums die natürlichen Vertreter ihres kleinen Eigenthums und seiner kleinen Vorurtheile fanden; sie, auf dem ganzen Lande in einer Unzahl kleiner Könige vertreten, konnte die Verwerfung ihrer Kandidaten als Insurrektion bestrafen, die rebellischen Arbeiter ent= lassen, die widerstrebenden Bauernknechte, Dienstboten, Kommis, Eisenbahnbeamten, Schreiber, sämmtliche ihr bürgerlich untergeord= nete Funktionäre. Sie konnte endlich stellenweis die Täuschung aufrecht erhalten, daß die republikanische Konstituante den Bona= parte des 10. Dezember an der Offenbarung seiner wunderthätigen Kräfte verhindert habe. Wir haben bei der Partei der Ordnung der Bonapartisten nicht gedacht. Sie waren keine ernsthafte Fraktion der Bourgeoisklasse, sondern eine Sammlung alter, abergläubischer Invaliden und junger, ungläubiger Glücksritter. — Die Partei der Ordnung siegte in den Wahlen, sie sandte die große Majorität in die gesetzgebende Versammlung.

Der koalisirten kontrerevolutionären Bourgeoisklasse gegenüber mußten sich natürlich die schon revolutionirten Theile der kleinen Bourgeoisie und der Bauernklasse mit dem Großwürdenträger der revolutionären Interessen, dem revolutionären Proletariat, verbinden. Wir haben gesehen, wie die demokratischen Wortführer der Klein= bürgerschaft im Parlament, d. h. die Montagne, durch parlamen= tarische Niederlagen zu den sozialistischen Wortführern des Prole= tariats, und wie die wirkliche Kleinbürgerschaft außerhalb des Par=

laments durch die concordats à l'amiable, durch die brutale Geltendmachung der Bourgeoisinteressen, durch den Bankerott zu den wirklichen Proletariern gedrängt wurden. Am 27. Januar hatten Montagne und Sozialisten ihre Aussöhnung gefeiert, im großen Februarbankett 1849 wiederholten sie ihren Vereinigungsakt. Die soziale und die demokratische, die Partei der Arbeiter und die der Kleinbürger, vereinigten sich zur sozial-demokratischen Partei, d. h. zur rothen Partei.

Einen Augenblick durch die den Junitagen folgende Agonie gelähmt, hatte die französische Republik seit der Aufhebung des Belagerungszustandes, seit dem 14. Oktober, eine fortlaufende Reihe fieberhafter Aufregungen erlebt. Erst der Kampf um die Präsidentschaft; dann der Kampf des Präsidenten mit der Konstituante; der Kampf um die Klubs; der Prozeß in Bourges, der gegenüber den kleinen Gestalten des Präsidenten, der koalisirten Royalisten, der honetten Republikaner, der demokratischen Montagne, der sozialistischen Doktrinäre des Proletariats seine wirklichen Revolutionäre als urweltliche Ungeheuer erscheinen ließ, wie sie nur eine Sündfluth auf der Gesellschaftsoberfläche zurückläßt oder wie sie nur einer gesellschaftlichen Sündfluth vorangehen können; die Wahlagitation; die Hinrichtung der Bréa-Mörder; die fortlaufenden Preßprozesse; die gewaltsamen polizeilichen Einmischungen der Regierung in die Banketts; die frechen royalistischen Provokationen; die Ausstellung der Bilder Louis Blanc's und Caussidière's an dem Pranger; der ununterbrochene Kampf zwischen der konstituirten Republik und der Konstituante, der jeden Augenblick die Revolution auf ihren Ausgangspunkt zurückdrängte, der jeden Augenblick den Sieger zum Besiegten, den Besiegten zum Sieger machte und im Nu die Stellung der Parteien und Klassen, ihre Scheidungen und Bindungen umschwenkte; der rasche Gang der europäischen Kontrerevolution, der glorreiche ungarische Kampf, die deutschen Schilderhebungen, die römische Expedition, die schmähliche Niederlage der französischen Armee vor Rom — in diesem Wirbel der Bewegung, in dieser Pein der geschichtlichen Unruhe, in dieser dramatischen Ebbe und Fluth revolutionärer Leidenschaften, Hoffnungen, Enttäuschungen mußten die verschiedenen Klassen der französischen Gesellschaft ihre Entwicklungsepochen nach Wochen zählen, wie sie sie früher nach halben Jahrhunderten gezählt hatten. Ein bedeutender Theil der Bauern und der Provinzen war revolutionirt. Nicht nur waren sie über den Napoleon enttäuscht, die rothe Partei bot ihnen an der Stelle des Namens den Inhalt, an der Stelle der illusorischen Steuerfreiheit die Rückzahlung der den Legitimisten gezahlten Milliarde, die Regelung der Hypothek und die Aufhebung des Wuchers.

Die Armee selbst war von dem Revolutionsfieber angesteckt. Sie hatte in Bonaparte für den Sieg gestimmt und er gab ihr die

Niederlage. Sie hatte in ihm für den kleinen Korporal gestimmt, hinter dem der große revolutionäre Feldherr steckt, und er gab ihr die großen Generale wieder, hinter denen der kamaschengerechte Korporal sich birgt. Kein Zweifel, daß die rothe Partei, d. h. die koalisirte demokratische Partei, wenn nicht den Sieg, doch große Triumphe feiern mußte, daß Paris, daß die Armee, daß ein großer Theil der Provinzen für sie stimmen würde. Ledru=Rollin, der Chef der Montagne, wurde von fünf Departements gewählt; kein Chef der Ordnungspartei trug einen solchen Sieg davon, kein Name der eigentlich proletarischen Partei. Diese Wahl enthüllt uns das Geheimniß der demokratisch=sozialistischen Partei. Wenn die Montagne, der parlamentarische Vorkämpfer der demokratischen Kleinbürgerschaft, einerseits gezwungen war, sich mit den sozialistischen Doktrinären des Proletariats zu vereinigen — das Proletariat, von der furchtbaren materiellen Niederlage des Juni gezwungen, sich durch intellektuelle Siege wieder aufzurichten, durch die Entwicklung der übrigen Klassen noch nicht befähigt, die revolutionäre Diktatur zu ergreifen, mußte sich den Doktrinären seiner Emanzipation, den sozialistischen Sektenstiftern in die Arme werfen — stellten sich andererseits die revolutionären Bauern, die Armee, die Provinzen hinter die Montagne, die so zum Gebieter im revolutionären Heerlager wurde, und durch die Verständigung mit den Sozialisten jeden Gegensatz in der revolutionären Partei beseitigt hatte. In der letzten Lebenshälfte der Konstituante vertrat sie das republikanische Pathos derselben und hatte ihre Sünden während der provisorischen Regierung, während der Exekutivkommission, während der Junitage in Vergessenheit gebracht. In demselben Maße, als die Partei des „National" ihrer halben Natur gemäß sich von dem royalistischen Ministerium niederdrücken ließ, stieg die während der Allgewalt des „National" beseitigte Partei des Berges und machte sich als die parlamentarische Vertreterin der Revolution geltend. In der That, die Partei des „National" hatte gegen die anderen royalistischen Fraktionen nichts einzuwenden als ehrsüchtige Persönlichkeiten und idealistische Flausen. Die Partei des Berges dagegen vertrat eine zwischen der Bourgeoisie und dem Proletariat schwebende Masse, deren materielle Interessen demokratische Institutionen verlangten. Den Cavaignacs und Marrasts gegenüber befanden sich Ledru=Rollin und die Montagne daher in der Wahrheit der Revolution und aus dem Bewußtsein dieser gewichtigen Situation schöpften sie um so größeren Muth, jemehr die Aeußerung der revolutionären Energie sich beschränkte auf parlamentarische Ausfälle, Niederlegung von Anklageakten, Drohungen, Stimmerhöhungen, donnernde Reden und Extreme, die nur bis zur Phrase getrieben wurden. Die Bauern befanden sich ungefähr in derselben Lage wie die Kleinbürger, sie hatten ungefähr dieselben sozialen Forderungen zu stellen. Sämmtliche Mittelschichten der Gesellschaft, soweit sie in die revolutionäre Bewegung getrieben waren, mußten daher in Ledru Rollin ihren Helden finden. Ledru Rollin war die Personage des demokratischen Kleinbürgerthums. Der Partei der Ordnung gegenüber mußten zunächst die halb konservativen, halb revolutionären und ganz utopistischen Reformatoren dieser Ordnung an die Spitze getrieben werden.

Die Partei des „National", „die Freunde der Konstitution quand même," die républicains purs et simples wurden vollständig in den Wahlen geschlagen. Eine winzige Minorität derselben wurde in die gesetzgebende Kammer geschickt, ihre notorischsten Chefs verschwanden von der Bühne, sogar Marrast, der Redakteur en chef und der Orpheus der honetten Republik.

Am 29. Mai kam die legislative Versammlung zusammen, am 11. Juni erneuerte sich die Kollision vom 8. Mai, Ledru-Rollin legte im Namen der Montagne einen Anklageakt nieder gegen den Präsidenten und das Ministerium wegen Verletzung der Konstitution, wegen des Bombardements von Rom. Am 12. Juni verwarf die gesetzgebende Versammlung den Anklageakt, wie die konstituirende Versammlung ihn am 11. Mai verworfen hatte, aber das Proletariat trieb diesmal die Montagne auf die Straße, jedoch nicht zum Straßenkampf, sondern nur zur Straßenprozession. Es genügt, zu sagen, daß die Montagne an der Spitze dieser Bewegung stand, um zu wissen, daß die Bewegung besiegt wurde und daß der Juni 1849 eine ebenso lächerliche als nichtswürdige Karrikatur des Juni 1848 war. Verdunkelt wurde die große Retirade vom 13. Juni nur durch den noch größeren Schlachtbericht Changarnier's, des großen Mannes, den die Partei der Ordnung improvisirte. Jede Gesellschaftsepoche braucht ihre großen Männer, und wenn sie dieselben nicht findet, erfindet sie sie, wie Helvetius sagt.

Am 20. Dezember existirte nur noch die eine Hälfte der konstituirten Bourgeoisrepublik, der Präsident, am 29. Mai wurde sie ergänzt durch die andere Hälfte, durch die **gesetzgebende Versammlung**. Juni 1848 hatte die sich konstituirende Bourgeois-Republik durch eine unsagbare Schlacht gegen das Proletariat, Juni 1849 die konstituirte Bourgeoisrepublik durch eine unnennbare Komödie mit der Kleinbürgerschaft, sich in das Geburtsregister der Geschichte eingemeißelt. Juni 1849 war die Nemesis für 1848. Juni 1849 wurden nicht die Arbeiter besiegt, sondern die Kleinbürger gefällt, die zwischen ihnen und der Revolution standen. Juni 1849 war nicht die blutige Tragödie zwischen der Lohnarbeit und dem Kapital, sondern das gefängnißreiche und lamentable Schauspiel zwischen dem Schuldner und dem Gläubiger. Die Partei der Ordnung hatte gesiegt, sie war allmächtig, sie mußte nun zeigen, was sie war.

III.

Vom 13. Juni 1849 bis 10. März 1850.

(Aus Heft III.)

Am 20. Dezember hatte der Januskopf der konstitutionellen Republik nur noch ein Gesicht gezeigt, das exekutive Gesicht mit den verschwimmend flachen Zügen L. Bonapartes, am 29. Mai 1849 zeigte er sein zweites Gesicht, das legislative, übersäet von den Narben, welche die Orgien der Restauration und der Julimonarchie zurückgelassen hatten. Mit der legislativen Nationalversammlung war die Erscheinung der konstitutionellen Republik vollendet, d. h. der republikanischen Staatsform, worin die Herrschaft der Bourgeoisklasse konstituirt ist, also die gemeinschaftliche Herrschaft der beiden großen royalistischen Fraktionen, welche die französische Bourgeoisie bilden, der koalisirten Legitimisten und Orleanisten, der Partei der Ordnung. Während so die französische Republik der Koalition den royalistischen Parteien als Eigenthum anheim fiel, unternahm gleichzeitig die europäische Koalition der kontrerevolutionären Mächte einen allgemeinen Kreuzzug gegen die letzten Zufluchtsstätten der Märzrevolutionen. Rußland fiel in Ungarn ein, Preußen marschirte gegen die Reichsverfassungsarmee und Oudinot bombardirte Rom. Die europäische Krise ging offenbar einem entscheidenden Wendepunkt zu, die Augen von ganz Europa richteten sich auf Paris und die Augen von ganz Paris auf die legislative Versammlung.

Am 11. Juni bestieg Ledru-Rollin ihre Tribüne. Er hielt keine Rede, er formulirte ein Requisitorium gegen die Minister, nackt, prunklos, thatsächlich, konzentrirt, gewaltsam.

Der Angriff auf Rom ist ein Angriff auf die Konstitution, der Angriff auf die römische Republik ein Angriff auf die französische Republik. Artikel V der Konstitution lautet: „Die französische Republik verwendet ihre Streitkräfte niemals gegen die Freiheit irgend eines Volkes" — und der Präsident verwendet die französische Armee gegen die römische Freiheit. Artikel IV der Konstitution verbietet der exekutiven Gewalt irgend einen Krieg zu erklären, ohne die Zustimmung der Nationalversammlung. Der Beschluß der

Konstituante vom 8. Mai besiehlt den Ministern ausdrücklich, die römische Expedition schleunigst ihrer ursprünglichen Bestimmung anzupassen, er untersagt ihnen also ebenso ausdrücklich den Krieg gegen Rom und Oudinot bombardirt Rom. So rief Ledru Rollin die Konstitution selbst als Belastungszeugen gegen Bonaparte und seine Minister auf. Der royalistischen Majorität der National versammlung schleuderte er, der Tribun der Konstitution, die drohende Erklärung zu: „Die Republikaner werden der Konstitution Achtung zu verschaffen wissen, durch alle Mittel, sei es selbst durch die Gewalt der Waffen!" „Durch die Gewalt der Waffen!" wiederholte das hundertfache Echo der Montagne. Die Majorität antwortete mit einem furchtbaren Tumult, der Präsident der Nationalversamm= lung rief Ledru=Rollin zur Ordnung, Ledru=Rollin wiederholte die herausfordernde Erklärung und legte schließlich den Antrag auf Versetzung Bonapartes und seiner Minister in Anklagezustand auf den Präsidententisch nieder. Die Nationalversammlung beschloß mit 361 gegen 203 Stimmen über das Bombardement Roms zur ein= fachen Tagesordnung überzugehen.

Glaubte Ledru=Rollin die Nationalversammlung durch die Kon stitution, den Präsidenten durch die Nationalversammlung schlagen zu können?

Die Konstitution untersagte allerdings jeden Angriff auf die Freiheit fremder Völker, aber was die französische Armee zu Rom angriff, das war nach dem Ministerium nicht die „Freiheit", sondern der „Despotismus der Anarchie". Hatte die Montagne, allen Erfahrungen in der konstituirenden Versammlung zum Trotz, noch immer nicht begriffen, daß die Auslegung der Konstitution nicht Denen angehöre, die sie gemacht, sondern nur noch Denen, die sie acceptirt hatten? Daß ihr Wortlaut in ihrem lebensfähigen Sinne gedeutet werden müsse, und daß der Bourgeoissinn ihr einziger lebensfähiger Sinn sei? Daß Bonaparte und die royalistische Majorität der Nationalversammlung die authentischen Dolmetscher der Kon= stitution waren, wie der Pfaffe der authentische Dolmetscher der Bibel, und der Richter der authentische Dolmetscher des Gesetzes ist? Sollte die eben frisch aus dem Schooße der allgemeinen Wahlen hervorgegangene Nationalversammlung sich durch die testamentarische Verfügung der todten Konstituante gebunden fühlen, deren lebendigen Willen ein Odilon Barrot gebrochen hatte? Indem sich Ledru=Rollin auf den Beschluß der Konstituante vom 8. Mai berief, hatte er ver= gessen, daß dieselbe Konstituante am 11. Mai seinen ersten Antrag auf Versetzung Bonapartes und der Minister in Anklagezustand ver= worfen, daß sie den Präsidenten und die Minister freigesprochen, daß sie so den Angriff auf Rom als „konstitutionell" sanktionirt hatte, daß er nur Appell einlegte gegen ein schon gefälltes Urtheil, daß er endlich von der republikanischen Konstituante an die royalistische

Legislative appellirte? Die Konstitution selbst ruft die Insurrektion zur Hülfe, indem sie in einem besonderen Artikel jeden Bürger zu ihrem Schutze anruft. Ledru-Rollin stützte sich auf diesen Artikel. Aber sind nicht gleichzeitig die öffentlichen Gewalten zum Schutze der Konstitution organisirt und die Verletzung der Konstitution, beginnt sie nicht erst von dem Augenblicke, wo die eine der öffentlichen konstitutionellen Gewalten gegen die andere rebellirt? Und der Präsident der Republik, die Minister der Republik, die Nationalversammlung der Republik befanden sich im harmonischsten Verständniß.

Was die Montagne am 11. Juni versuchte, war „eine Insurrektion innerhalb der Grenzen der reinen Vernunft," d. h. eine rein parlamentarische Insurrektion. Die Majorität der Versammlung sollte, durch die Aussicht auf bewaffnete Erhebung der Volksmassen eingeschüchtert, in Bonaparte und den Ministern ihre eigene Macht und die Bedeutung ihrer eigenen Wahl brechen. Hatte die Konstituante nicht ähnlich versucht, die Wahl Bonapartes zu kassiren, als sie so hartnäckig auf der Entlassung des Ministeriums Barrot-Falloux bestand?

Weder fehlte es aus der Zeit des Konvents an Vorbildern für parlamentarische Insurrektionen, welche das Verhältniß der Majorität und Minorität plötzlich von Grund aus umgewälzt hatten — und sollte der jungen Montagne nicht gelingen, was der alten gelungen war? noch schienen die augenblicklichen Verhältnisse einem solchen Unternehmen ungünstig. Die Volksaufregung hatte zu Paris einen bedenklichen Höhepunkt erreicht, die Armee schien ihren Wahlabstimmungen nach der Regierung nicht geneigt, die legislative Majorität selbst war noch zu jung, um sich konsolidirt zu haben, und zudem bestand sie aus alten Herren. Wenn der Montagne eine parlamentarische Insurrektion gelang, fiel ihr das Staatsruder unmittelbar zu. Die demokratische Kleinbürgerschaft ihrerseits wünschte, wie immer, nichts sehnlicher, als den Kampf über ihren Häuptern in den Wolken zwischen den abgeschiedenen Geistern des Parlaments ausgefochten zu sehen. Endlich erreichten beide, die demokratische Kleinbürgerschaft und ihre Vertreter, die Montagne, durch eine parlamentarische Insurrektion ihren großen Zweck, die Macht der Bourgeoisie zu brechen, ohne das Proletariat zu entfesseln, oder anders als in der Perspektive erscheinen zu lassen; das Proletariat wäre benutzt worden, ohne gefährlich zu werden.

Nach dem Votum der Nationalversammlung vom 11. Juni fand eine Zusammenkunft statt zwischen einigen Gliedern der Montagne und Delegirten der geheimen Arbeitergesellschaften. Letztere drangen darauf, noch an demselben Abend loszuschlagen. Die Montagne wies diesen Plan entschieden zurück. Sie wollte um keinen Preis die Leitung aus der Hand geben; ihre Bundesgenossen waren ihr ebenso verdächtig als ihre Gegner, und mit Recht. Die Erinnerung an den

Juni 1848 durchwogte lebendiger als je die Reihen des Pariser Proletariats. Gleichwohl war es an die Allianz mit der Montagne gekettet. Sie vertrat den größten Theil der Departements, sie übertrieb ihren Einfluß in der Armee, sie verfügte über den demokratischen Theil der Nationalgarde, sie hatte die moralische Macht der Boutike hinter sich. Wider ihren Willen in diesem Augenblick die Insurrektion beginnen, das hieß für das Proletariat, überdem dezimirt durch die Cholera, in bedeutender Masse aus Paris durch die Arbeitslosigkeit verjagt, die Junitage von 1848 nutzlos wiederholen, ohne die Situation, welche zu dem verzweifelten Kampfe gedrängt hatte. Die proletarischen Delegirten thaten das einzig Rationelle. Sie verpflichteten die Montagne, sich zu kompromittiren, d. h. aus den Grenzen des parlamentarischen Kampfes herauszutreten für den Fall, daß ihr Anklageakt verworfen würde. Während des ganzen 13. Juni behauptete das Proletariat dieselbe skeptisch beobachtende Stellung und wartete ein ernstlich engagirtes, unwiderrufliches Handgemenge zwischen der demokratischen Nationalgarde und der Armee ab, um sich dann in den Kampf, und die Revolution über das ihr gesteckte kleinbürgerliche Ziel hinaus zu stürzen. Für den Fall des Sieges war die proletarische Kommune schon gebildet, die neben die offizielle Regierung treten sollte. Die Pariser Arbeiter hatten gelernt in der blutigen Schule des Juni 1848.

Am 12. Juni stellte der Minister Lacrosse selbst in der legislativen Versammlung den Antrag, sofort zur Diskussion des Anklageaktes überzugehen. Die Regierung hatte während der Nacht alle Vorkehrungen zur Vertheidigung und zum Angriffe getroffen; die Majorität der Nationalversammlung war entschlossen, die rebellische Minorität auf die Straße hinauszutreiben, die Minorität selbst konnte nicht mehr zurücktreten, die Würfel waren gefallen, 377 Stimmen gegen 8 verwarfen den Anklageakt, der Berg, der sich der Abstimmung enthalten hatte, stürzte grollend in die Propagandahallen der „friedfertigen Demokratie", in die Zeitungsbureaux der Démocratie pacifique.

Die Entfernung aus dem Parlamentsgebäude brach seine Kraft, wie die Entfernung von der Erde die Kraft des Antäus brach, ihres Riesensohnes. Simsons in den Räumen der gesetzgebenden Versammlung, waren sie nur noch Philister in den Räumen der „friedfertigen Demokratie". Eine lange, geräuschvolle, haltlose Debatte entspann sich. Die Montagne war entschlossen, der Konstitution Achtung zu erzwingen mit allen Mitteln, „nur nicht durch die Gewalt der Waffen." In diesem Entschluß wurde sie unterstützt durch ein Manifest und durch eine Deputation der „Verfassungsfreunde". „Freunde der Verfassung", so nannten sich die Trümmer der Koterie des „National", der bourgeois-republikanischen Partei. Während von ihren übriggebliebenen parlamentarischen Repräsentanten sechs gegen, die anderen insgesammt für die Verwerfung des Anklageaktes gestimmt hatten, während Cavaignac der Partei der Ordnung seinen Säbel zur Verfügung stellte, ergriff der größere außerparlamentarische Theil der Koterie gierig den Anlaß, aus seiner politischen Pariastellung herauszutreten und sich in die Reihen der demokratischen Partei zu drängen. Erschienen sie nicht als die natürlichen Schildhalter dieser Partei, die sich unter ihren Schild versteckte, unter ihr Prinzip, unter die Konstitution?

Bis Tagesanbruch kreißte der „Berg". Er gebar „eine Proklamation an das Volk", die am Morgen des 13. Juni in zwei sozialistischen Journalen eine mehr oder minder verschämte Stelle einnahm. Sie erklärte den Präsidenten, die Minister, die Majorität der gesetzgebenden Versammlung „außerhalb der Konstitution" (hors la constitution) und rief die Nationalgarde, die Armee und schließlich auch das Volk auf, „sich zu erheben". „Es lebe die Konstitution!" war die Parole, die sie austheilte, Parole, die nichts Anderes hieß, als „Nieder mit der Revolution!"

Der konstitutionellen Proklamation des Berges entsprach am 13. Juni eine sogenannte friedliche Demonstration der Kleinbürger, d. h. eine Straßenprozession vom Château d'Eau durch die Boulevards, 30 000 Mann, meist Nationalgarden, unbewaffnet, untermischt mit Mitgliedern der geheimen Arbeitersektionen, sich hinwälzend unter dem Rufe: „Es lebe die Konstitution!" mechanisch, eiskalt, mit bösem Gewissen ausgestoßen von den Mitgliedern des Zuges selbst, vom Echo des Volkes, das auf den Trottoirs wogte, ironisch zurückgeworfen, statt donnerartig aufzuschwellen. Es fehlte dem vielstimmigen Gesang die Bruststimme. Und als der Zug vor dem Sitzungsgebäude der „Verfassungsfreunde" vorbeischwankte und auf dem Giebel des Hauses ein gedungener Verfassungsherold erschien, der mit seinem Klaquenrhut gewaltig die Lüfte durchsägte und aus einer ungeheueren Lunge das Stichwort „Es lebe die Konstitution" hageldick auf die Köpfe der Wallfahrer niederplumpen ließ, schienen sie selbst einen Augenblick von der Komik der Situation überwältigt. Es ist bekannt, wie der Zug, angekommen an der Mündung der rue de la Paix, in den Boulevards von den Dragonern und Jägern Changarniers durchaus unparlamentarisch empfangen, in einem Nu nach allen Seiten hin auseinanderstob und den spärlichen Ruf „zu den Waffen" nur noch hinter sich warf, damit der parlamentarische Waffenruf vom 11. Juni sich erfülle.

Die Mehrzahl der in der rue du Hazard versammelten Montagne verlief sich, als diese gewaltsame Zersprengung der friedlichen Prozession, als dumpfe Gerüchte vom Morde unbewaffneter Bürger auf den Boulevards, als der wachsende Straßentumult das Herannahen einer Emeute zu verkünden schienen. Ledru-Rollin, an der Spitze einer kleinen Schaar von Deputirten, rettete die Ehre des Berges. Unter dem Schutze der Pariser Artillerie, die sich im Palais National versammelt hatte, begaben sie sich nach dem Conservatoire des arts et métiers, wo die fünfte und sechste Legion der Nationalgarde eintreffen sollte. Aber die Montagnards harrten vergeblich auf die fünfte und sechste Legion; diese vorsichtigen Nationalgarden ließen ihre Repräsentanten im Stich, die Pariser Artillerie selbst verhinderte das Volk, Barrikaden aufzuwerfen, ein chaotisches Durcheinander machte jeden Beschluß unmöglich, die Linientruppen rückten an mit gefälltem Bayonett, ein Theil der Repräsentanten wurde gefangen genommen, ein anderer entkam. So endete der 13. Juni.

Wenn der 23. Juni 1848 die Insurrektion des revolutionären Proletariats, war der 13. Juni 1849 die Insurrektion der demokratischen Kleinbürger, jede dieser beiden Insurrektionen der klassisch-reine Ausdruck der Klasse, von der sie getragen wurde.

Nur zu Lyon kam es zu einem hartnäckigen, blutigen Konflikt. Hier, wo sich die industrielle Bourgeoisie und das industrielle Proletariat unvermittelt gegenüberstehen, wo die Arbeiterbewegung nicht wie in Paris von der allgemeinen Bewegung eingefaßt und bestimmt ist, verlor der 13. Juni im Rückschlage den ursprünglichen Charakter. Wo er sonst in die Provinzen einschlug, zündete er nicht ein kalter Blitz.

Der 13. Juni schließt die erste Lebensperiode der konstitutionellen Republik, die am 29. Mai 1849 mit dem Zusammentritt der legislativen Versammlung ihre normale Existenz gewonnen hatte. Die ganze Dauer dieses Prologs ist erfüllt von dem geräuschvollen Kampfe zwischen der Partei der Ordnung und der Montagne, zwischen der Bourgeoisie und dem Kleinbürgerthum, das sich vergebens gegen die Festsetzung der Bourgeoisrepublik sträubt, für welche es selbst in der provisorischen Regierung, in der Exekutivkommission ununterbrochen konspirirt, für welche es während der Junitage sich fanatisch gegen das Proletariat geschlagen hatte. Der 13. Juni bricht seinen Widerstand und macht die legislative Diktatur der vereinigten Royalisten zu einem fait accompli. Von diesem Augenblick an ist die Nationalversammlung nur noch ein Wohlfahrtsausschuß der Partei der Ordnung.

Paris hatte den Präsidenten, die Minister und die Majorität der Nationalversammlung in „Anklagezustand" versetzt, sie versetzten Paris in „Belagerungszustand". Der Berg hatte die Majorität der legislativen Versammlung „außerhalb der Konstitution" erklärt, wegen Verletzung der Konstitution überantwortete die Majorität den Berg der haute-cour und proscribirte Alles, was noch Lebenskraft in ihm besaß. Bis auf einen kopf- und herzlosen Rumpf wurde er dezimirt. Die Minorität war bis zum Versuche einer parlamentarischen Insurrektion gegangen, die Majorität erhob ihren parlamentarischen Despotismus zum

(Gesetz. Sie dekretirte eine neue **Geschäftsordnung**, welche die Freiheit der Tribüne vernichtet und den Präsidenten der National=versammlung befugt, wegen Verletzung der Ordnung die Repräsentanten mit Censur, mit Geldstrafen, mit Entziehung der Indemnitäts=gelder, mit zeitweiliger Expulsion, mit dem Karzer zu bestrafen. Ueber den Rumpf des Berges hing sie statt des Schwertes die Ruthe. Der Rest der Bergdeputirten hätte seiner Ehre geschuldet, in Masse auszutreten. Durch einen solchen Akt wurde die Auflösung der Partei der Ordnung beschleunigt. Sie mußte in ihre ursprünglichen Bestandtheile zerfallen von dem Augenblick, wo auch nicht mehr der Schein eines Gegensatzes sie zusammenhielt.

Gleichzeitig mit ihrer **parlamentarischen**, wurden die demo=kratischen Kleinbürger ihrer **bewaffneten** Macht beraubt durch Auflösung der Pariser Artillerie, wie der 8., 9. und 12. Legion der Nationalgarde. Die Legion der hohen Finanz dagegen, welche am 13. Juni die Druckereien von Boulé und Roux überfallen, die Pressen zertrümmert, die Bureaux der republikanischen Journale verwüstet, Redakteure, Setzer, Drucker, Expedienten, Laufburschen willkürlich verhaftet hatte, erhielt von der Tribüne der National=versammlung herab ermunternden Zuspruch. Auf der ganzen Ober=fläche von Frankreich wiederholte sich die Auflösung der des Republi=kanismus verdächtigen Nationalgarden.

Neues **Preßgesetz**, neues **Assoziationsgesetz**, neues **Be=lagerungszustandsgesetz**, die Gefängnisse von Paris überfüllt, die politischen Flüchtlinge verjagt, alle Journale, die über die Grenzen des „National" hinausgehen, suspendirt, Lyon und die fünf umliegenden Departements den brutalen Chikanen des Militär=despotismus preisgegeben, die Parketts allgegenwärtig, das so oft gereinigte Heer der Beamten noch einmal gereinigt — es waren dies die unvermeidlichen, die stets wiederkehrenden Gemeinplätze der sieg=reichen Reaktion, nach den Massacres und den Deportationen des Juni nur noch erwähnenswerth, weil sie diesmal nicht nur gegen Paris, sondern auch gegen die Departements, nicht nur gegen das Proletariat, sondern vor Allem gegen die Mittelklassen gerichtet waren.

Die Repressionsgesetze, wodurch die Verhängung des Belagerungs=zustandes dem Gutachten der Regierung anheimgestellt, die Presse noch fester geknebelt und das Assoziationsrecht vernichtet wurde, absorbirten die ganze legislative Thätigkeit der Nationalversammlung während der Monate Juni, Juli und August.

Indeß wird diese Epoche charakterisirt nicht durch die **that=sächliche**, sondern durch die **prinzipielle** Ausbeutung des Sieges, nicht durch die Beschlüsse der Nationalversammlung, sondern durch die Motivirung dieser Beschlüsse, nicht durch die Sache, sondern durch die Phrase, nicht durch die Phrase, sondern durch den Accent und die Geste, welche die Phrase beleben Das rücksichtslos un=

verschämte Aussprechen der royalistischen Gesinnung, der verächtlich vornehme Insult gegen die Republik, das kokettirend frivole Ausplaudern der Restaurationszwecke, mit einem Wort, die renommistische Verletzung des republikanischen Anstandes geben dieser Periode eigenthümlichen Ton und Färbung. Es lebe die Konstitution! war der Schlachtruf der Besiegten des 13. Juni. Die Sieger waren also entbunden von der Heuchelei der konstitutionellen, d. h. der republikanischen Sprache. Die Kontrerevolution unterwarf Ungarn, Italien, Deutschland, und sie glaubten die Restauration schon vor den Thoren von Frankreich. Es entspann sich eine wahre Konkurrenz unter den Reigenführern der Ordnungsfraktionen, ihren Royalismus durch den Moniteur zu dokumentiren und ihre etwaigen unter der Monarchie begangenen liberalen Sünden zu beichten, zu bereuen, vor Gott und vor den Menschen abzubitten. Kein Tag verging, ohne daß die Februarrevolution auf der Tribüne der Nationalversammlung für ein öffentliches Unglück erklärt wurde, ohne daß ein beliebiger legitimistischer Provinzialkrautjunker feierlich konstatirte, die Republik niemals anerkannt zu haben, ohne daß einer der feigen Ausreißer und Verräther der Julimonarchie die nachträglichen Heldenthaten erzählte, an deren Vollbringung ihn nur die Philanthropie Louis Philipp's oder andere Mißverständnisse verhindert hatten. Was an den Februartagen zu bewundern, es war nicht die Großmuth des siegreichen Volkes, sondern die Selbstaufopferung und Mäßigung der Royalisten, welche ihm erlaubt hatten, zu siegen. Ein Volksrepräsentant schlug vor, einen Theil der für die Februarverwundeten bestimmten Unterstützungsgelder den Munizipalgarden zuzuwenden, die sich allein an jenen Tagen um das Vaterland verdient gemacht. Ein Anderer wollte dem Herzog von Orleans eine Reiterstatue auf dem Carousselplatz dekretirt wissen. Thiers nannte die Konstitution ein schmutziges Stück Papier. Der Reihe nach erschienen auf der Tribüne Orleanisten, um ihre Konspiration gegen das legitime Königthum zu bereuen, Legitimisten, die sich vorwarfen, durch Auflehnen gegen das illegitime Königthum den Sturz des Königthums überhaupt beschleunigt, Thiers, der bereute, gegen Molé, Molé, der bereute gegen Guizot, Barrot, der bereute gegen alle drei intriguirt zu haben. Der Ruf: „Es lebe die sozialdemokratische Republik!" wurde für unkonstitutionell erklärt; der Ruf: „Es lebe die Republik!" als sozialdemokratisch verfolgt. An dem Jahrestage der Schlacht von Waterloo erklärte ein Repräsentant: „Ich fürchte weniger die Invasion der Preußen, als den Eintritt der revolutionären Flüchtlinge in Frankreich." Den Klagen über den Terrorismus, der in Lyon und in den benachbarten Departements organisirt sei, antwortete Baraguay d'Hilliers: „Ich ziehe den blassen Schrecken dem rothen Schrecken vor." (J'aime mieux la terreur blanche que la terreur rouge.) Und die Ver=

sammlung klatschte jedesMal frenetischen Beifall, so oft ein Epigramm gegen die Republik, gegen die Revolution, gegen die Konstitution, für das Königthum, für die heilige Allianz von den Lippen ihrer Redner fiel. Jede Verletzung der kleinsten republikanischen Formalitäten, z. B. der Anrede der Repräsentanten mit „Citoyens" enthusiasmirte die Ritter von der Ordnung.

Die Pariser Nachwahlen vom 8. Juli, vorgenommen unter dem Einfluß des Belagerungszustandes und der Enthaltung eines großen Theiles des Proletariats von der Stimmurne, die Einnahme Roms durch die französische Armee, der Einzug der rothen Eminenzen und in ihrem Gefolge die Inquisition und der Mönchsterrorismus in Rom fügten neue Siege dem Siege vom Juni hinzu und steigerten den Rausch der Ordnungspartei.

Endlich Mitte August, halb in der Absicht, den eben versammelten Departementsräthen beizuwohnen, halb ermüdet von der vielmonatlichen Tendenzorgie, dekretirten die Royalisten eine zweimonatliche Vertagung der Nationalversammlung. Eine Kommission von fünfundzwanzig Repräsentanten, die Crême der Legitimisten und Orleanisten, einen Molé, Changarnier ließen sie mit durchsichtiger Ironie als Stellvertreter der Nationalversammlung und als Wächter der Republik zurück. Die Ironie war tiefer als sie ahnten. Sie, von der Geschichte verurtheilt, das Königthum, das sie liebten, stürzen zu helfen, waren von ihr bestimmt, die Republik, die sie haßten, zu konserviren.

Mit der Vertagung der legislativen Versammlung schließt die zweite Lebensperiode der konstitutionellen Republik, ihre royalistische Flegelperiode.

Der Belagerungszustand von Paris war wieder aufgehoben, die Aktion der Presse hatte wieder begonnen. Während der Suspension der sozialdemokratischen Blätter, während der Periode der Repressivgesetzgebung und der royalistischen Poltereien republikanisirte sich der „Siècle", der alte literarische Repräsentant der monarchisch-konstitutionellen Kleinbürger, demokratisirte sich die „Presse", der alte literarische Ausdruck der bürgerlichen Reformers, sozialisirte sich der „National", das alte klassische Organ der republikanischen Bourgeois.

Die geheimen Gesellschaften wuchsen an Ausdehnung und Intensität in dem Maße, als die öffentlichen Klubs unmöglich wurden. Die industriellen Arbeiter-Assoziationen, als reine Handelskompagnien geduldet, ökonomisch nichtig, wurden politisch eben so viele Bindemittel des Proletariats. Der 13. Juni hatte den verschiedenen halbrevolutionären Parteien die offiziellen Köpfe abgeschlagen, die übrigbleibenden Massen gewannen ihren eigenen Kopf. Die Ordnungsritter hatten mit den geweissagten Schrecken der rothen Republik eingeschüchtert, die gemeinen Exzesse, die hyper-

boräischen Gräuel der siegreichen Kontrerevolution in Ungarn,
in Baden, in Rom wuschen die „rothe Republik" weiß. Und
die malkontenten Zwischenklassen der französischen Gesellschaft
begannen die Verheißungen der rothen Republik mit ihren pro
blematischen Schrecken, den Schrecken der rothen Monarchie mit
ihrer thatsächlichen Hoffnungslosigkeit vorzuziehen. Kein Sozialist
machte in Frankreich mehr revolutionäre Propaganda als Haynau
à chaque capacité selon ses oeuvres!

Unterdessen beutete Louis Bonaparte die Ferien der National
versammlung aus, um prinzliche Reisen in den Provinzen zu machen,
die heißblütigsten Legitimisten pilgrimten nach Ems zu dem Enkel
des heiligen Ludwig, und die Masse der ordnungsfreundlichen Volks
repräsentanten intriguirte in den Departementsräthen, die eben zu
sammengekommen waren. Es galt, sie aussprechen zu machen, was
die Majorität der Nationalversammlung noch nicht auszusprechen
wagte, den Dringlichkeitsantrag auf unmittelbare Revision
der Verfassung. Der Konstitution gemäß konnte die Verfassung
erst 1852 revidirt werden durch eine eigens zu diesem Behufe
zusammengerufene Nationalversammlung. Wenn aber die Mehrzahl
der Departementsräthe in diesem Sinne sich aussprach, mußte die
Nationalversammlung nicht der Stimme Frankreichs die Jung
fräulichkeit der Konstitution opfern? Die Nationalversammlung hegte
dieselben Hoffnungen von diesen Provinzialversammlungen, welche
die Nonnen in Voltaires Henriade von den Panduren hegten. Aber
die Potiphars der Nationalversammlung hatten es, einige Aus=
nahmen abgerechnet, mit eben so vielen Josephs der Provinzen zu
thun. Die ungeheure Mehrzahl wollte die zudringliche Insinuation
nicht verstehen. Die Revision der Verfassung wurde vereitelt durch
die Werkzeuge selbst, wodurch sie in's Leben gerufen werden sollte,
durch die Abstimmungen der Departementsräthe. Die Stimme
Frankreichs, und zwar des bürgerlichen Frankreichs, hatte gesprochen
und hatte gegen die Revision gesprochen.

Anfang Oktober trat die legislative Nationalversammlung wieder
zusammen — tantum mutatus ab illo. - Ihre Physiognomie war
durchaus verändert. Die unerwartete Verwerfung der Revision von
Seiten der Departementsräthe hatte sie in die Grenzen der Kon=
stitution zurück und auf die Grenzen ihrer Lebensdauer hingewiesen.
Die Orleanisten waren mißtrauisch geworden durch die Wallfahrten
der Legitimisten nach Ems, die Legitimisten hatten Verdacht geschöpft
aus den Verhandlungen der Orleanisten mit London, die Journale
beider Fraktionen hatten das Feuer geschürt und die wechselseitigen
Ansprüche ihrer Prätendenten abgewogen. Orleanisten und Legiti=
misten vereint grollten über die Umtriebe der Bonapartisten, die in
den prinzlichen Reisen hervortraten, in den mehr oder minder durch=
sichtigen Emanzipationsversuchen des Präsidenten, in der anspruchs

vollen Sprache der bonapartistischen Zeitungen; Louis Bonaparte grollte über eine Nationalversammlung, die nur die legitimistisch-orleanistische Konspiration gerecht erfand, über ein Ministerium, das ihn beständig an diese Nationalversammlung verrieth. Das Ministerium endlich war in sich selbst gespalten über die römische Politik und über die von dem Minister Passy vorgeschlagene, von den Konservativen als sozialistisch verschriene **Einkommensteuer.** Eine der ersten Vorlagen des Ministeriums Barrot an die wiederversammelte Legislative war eine Kreditforderung von 300 000 Frcs. zur Zahlung des Wittwengehaltes der Herzogin von Orleans. Die Nationalversammlung bewilligte es, und fügte dem Schuldregister der französischen Nation eine Summe von sieben Millionen Frcs. hinzu. Während so Louis Philipp mit Erfolg die Rolle des „pauvre honteux", des verschämten Bettlers fortspielte, wagte das Ministerium weder die Gehaltszulage für Bonaparte zu beantragen, noch schien die Versammlung geneigt, sie zu geben. Und Louis Bonaparte schwankte wie von jeher im Dilemma: Aut Caesar aut Clichy!

Die zweite Kreditforderung des Ministers von neun Millionen Frcs. für die Kosten der römischen Expedition vermehrte die Spannung zwischen Bonaparte einerseits, und den Ministern und der Nationalversammlung andererseits. Louis Bonaparte hatte einen Brief an seinen Ordonnanzoffizier Edgar Ney in den „Moniteur" eingerückt, worin er die päpstliche Regierung an konstitutionelle Garantien band. Der Papst seinerseits hatte eine Ansprache erlassen „motu proprio", worin er jede Beschränkung der restaurirten Herrschaft zurückwies. Der Brief Bonapartes lüftete mit absichtlicher Indiskretion den Vorhang seines Kabinets, um sich selbst als wohlwollendes, aber im eigenen Hause verkanntes und gefesseltes Genie den Blicken der Gallerie auszusetzen. Er kokettirte nicht das erste Mal mit den „verstohlenen Flügelschlägen einer freien Seele". Thiers, der Berichterstatter der Kommission, ignorirte vollständig Bonapartes Flügelschlag und begnügte sich, die päpstliche Allocution französisch zu verdolmetschen. Nicht das Ministerium, sondern Victor Hugo suchte den Präsidenten zu retten durch eine Tagesordnung, worin die Nationalversammlung ihre Zustimmung zu dem Briefe Napoleons aussprechen sollte. Allons donc! Allons donc! Unter dieser unehrerbietig leichtfertigen Interjektion begrub die Majorität den Antrag Hugo's. Die Politik des Präsidenten? Der Brief des Präsidenten? Der Präsident selbst? Allons donc! Allons donc! Wer Teufel nimmt denn Monsieur Bonaparte an serieux? Glauben Sie, Monsieur Victor Hugo, daß wir Ihnen glauben, daß Sie an den Präsidenten glauben? Allons donc! Allons donc!

Endlich wurde der Bruch zwischen Bonaparte und der Nationalversammlung beschleunigt durch die Diskussion über die Rückberufung der Orleans und Bourbons. In Ermangelung des Ministeriums hatte der Vetter des Präsidenten, der Sohn des Erlönigs von Westfalen, diesen Antrag gestellt, der nichts anderes bezweckte, als die legitimistischen und orleanistischen Prätendenten auf gleiche Stufe oder vielmehr unter den bonapartistischen Prätendenten herab zudrücken, der wenigstens faktisch auf dem Gipfel des Staates stand. Napoleon Bonaparte war unehrerbietig genug, die Zurückberufung der verjagten Königsfamilien und die Amnestie der Juni=Insurgenten zu Gliedern eines und desselben Antrages zu machen. Die Indignation der Majorität nöthigte ihn sofort, diese frevelhafte Verkettung des Heiligen und des Verruchten, der Königsracen und der proletarischen Brut, der Firsterne der Gesellschaft und ihrer Sumpflichter abzubitten, und jedem der beiden Anträge den ihm gebührenden Rang anzuweisen. Energisch stieß sie die Zurückrufung der königlichen Familie zurück, und Berryer, der Demosthenes der Legitimisten, ließ keinen Zweifel über den Sinn dieses Votums. Die bürgerliche Degradation der Prätendenten, das ist es, was man bezweckt! Man will sie des Heiligenscheins berauben, der letzten Majestät, die ihnen geblieben ist, der Majestät des Exils! Was, rief Berryer aus, würde man von dem unter den Prätendenten denken, der, seinen erlauchten Ursprung vergessend, hierher käme, um als einfacher Privatmann zu leben! Deutlicher konnte dem Louis Bonaparte nicht gesagt werden, daß er durch seine Gegenwart nicht gewonnen hatte, daß, wenn die koalisirten Royalisten ihn hier in Frankreich als neutralen Mann auf dem Präsidentenstuhl brauchten, die ernsthaften Kronprätendenten durch die Nebel des Exils den profanen Blicken entrückt bleiben mußten.

Am 1. November antwortete Louis Bonaparte der legislativen Versammlung durch eine Botschaft, welche in ziemlich barschen Worten die Entlassung des Ministeriums Barrot und die Bildung eines neuen Ministeriums anzeigte. Das Ministerium Barrot=Falloux war das Ministerium der royalistischen Koalition, das Ministerium d'Hautpoul war das Ministerium Bonapartes, das Organ des Präsidenten gegenüber der legislativen Versammlung, das Ministerium der Kommis.

Bonaparte war nicht mehr der bloß neutrale Mann des 10. Dezembers 1848. Der Besitz der exekutiven Gewalt hatte eine Anzahl von Interessen um ihn gruppirt, der Kampf mit der Anarchie zwang die Partei der Ordnung, selbst seinen Einfluß zu vermehren, und wenn er nicht mehr populär war, war sie unpopulär. Die Orleanisten und Legitimisten, konnte er nicht hoffen durch ihre Rivalität wie durch die Nothwendigkeit irgend einer monarchischen Restauration sie zur Anerkennung des neutralen Prätendenten zu zwingen?

Vom 1. November 1849 datirt die dritte Lebensperiode der konstitutionellen Republik, Periode, die mit dem 10. März 1850 schließt. Nicht nur beginnt das regelmäßige Spiel der konstitutionellen Institutionen, das Guizot so sehr bewundert, der Krakehl zwischen der exekutiven und gesetzgebenden Gewalt. Den Restaurationsgelüsten der vereinigten Orleanisten und Legitimisten gegenüber vertritt Bonaparte den Titel seiner thatsächlichen Macht, die Republik; den Restaurationsgelüsten Bonapartes gegenüber vertritt die Partei der Ordnung den Titel ihrer gemeinsamen Herrschaft, die Republik; den Orleanisten gegenüber vertreten die Legitimisten, den Legitimisten gegenüber vertreten die Orleanisten den status quo, die Republik. Alle diese Fraktionen der Ordnungspartei, deren jede ihren eigenen König und ihre eigene Restauration in petto hat, machen wechselseitig den Usurpations- und Erhebungsgelüsten ihrer Rivalen gegenüber, die gemeinsame Herrschaft der Bourgeoisie, die Form geltend, worin die besonderen Ansprüche neutralisirt und vorbehalten bleiben die Republik.

Wie Kant die Republik als einzig rationelle Staatsform zu einem Postulat der praktischen Vernunft macht, deren Verwirklichung nie erreicht wird, deren Erreichung aber stets als Ziel angestrebt und in der Gesinnung festgehalten werden muß, so diese Royalisten das Königthum.

So wurde die konstitutionelle Republik, als hohle ideologische Formel aus den Händen der Bourgeoisrepublikaner hervorgegangen, in den Händen der koalisirten Royalisten zur inhaltsvollen lebendigen Form. Und Thiers sprach wahrer als er ahnte, wenn er sagte: „Wir, die Royalisten, sind die wahren Stützen der konstitutionellen Republik."

Der Sturz des Ministeriums der Koalition, das Erscheinen des Ministeriums der Kommis hat eine zweite Bedeutung. Sein Finanzminister hieß Fould. Fould Finanzminister, das ist die offizielle Preisgebung des französischen Nationalreichthums an die Börse, die Verwaltung des Staatsvermögens durch die Börse und im Interesse der Börse. Mit der Ernennung Fould's zeigte die Finanzaristokratie ihre Restauration im „Moniteur" an. Diese Restauration ergänzte nothwendig die übrigen Restaurationen, die ebenso viele Ringe an der Kette der konstitutionellen Republik bilden.

Louis Philipp hatte nie gewagt, einen wirklichen loup-cervier (Börsenwolf) zum Finanzminister zu machen. Wie sein Königthum der ideale Name für die Herrschaft der hohen Bourgeoisie war, mußten in seinen Ministerien die privilegirten Interessen ideologisch-uninteressirte Namen tragen. Die Bourgeoisrepublik trieb überall in den Vordergrund, was die verschiedenen Monarchien, die legitimistische wie die orleanistische, im Hintergrund versteckt hielten. Sie verirdischte, was jene verhimmelt hatten. An die Stelle der Heiligennamen setzten sie die bürgerlichen Eigennamen der herrschenden Klasseninteressen.

Unsere ganze Darstellung hat gezeigt, wie die Republik vom ersten Tage ihres Bestehens an die Finanzaristokratie nicht stürzte, sondern befestigte. Aber die Konzessionen, die man ihr machte, waren ein Schicksal, dem man sich unterwarf, ohne es herbeiführen zu wollen. Mit Fould fiel die Regierungsinitiative an die Finanzaristokratie zurück.

Man wird fragen, wie die koalisirte Bourgeoisie die Herrschaft der Finanz ertragen und dulden konnte, die unter Louis Philipp auf der Ausschließung oder Unterordnung der übrigen Bourgeoisfraktionen beruhte?

Die Antwort ist einfach.

Zunächst bildet die Finanzaristokratie selbst einen maßgebend gewichtigen Theil der royalistischen Koalition, deren gemeinsame Regierungsgewalt Republik heißt. Sind nicht die Wortführer und Kapazitäten der Orleanisten die alten Verbündeten und Mitschuldigen der Finanzaristokratie? Ist sie selbst nicht die goldene Phalanx des Orleanismus? Was die Legitimisten betrifft, schon unter Louis Philipp hatten sie sich praktisch an allen Orgien der Börsen-, Minen- und Eisenbahn-Spekulationen betheiligt. Ueberhaupt ist die Verbindung des großen Grundeigenthums mit der hohen Finanz ein normales Faktum. Beweis: England, Beweis: selbst Oesterreich.

In einem Lande wie Frankreich, wo die Größe der nationalen Produktion in unverhältnißmäßig untergeordnetem Maße zur Größe der Nationalschuld steht, wo die Staatsrente den bedeutendsten Gegenstand der Spekulation, und die Börse den Hauptmarkt für die Anlegung des Kapitals bildet, das sich auf eine unproduktive Weise verwerthen will, in einem solchen Land muß eine zahllose Masse von Leuten aus allen bürgerlichen oder halbbürgerlichen Klassen an der Staatsschuld, am Börsenspiel, an der Finanz betheiligt sein. Alle diese subaltern Betheiligten, finden sie nicht ihre natürlichen Stützen und Befehlshaber in der Fraktion, die dieses Interesse in den kolossalsten Umrissen, die es im Großen und Ganzen vertritt?

Das Heimfallen des Staatsvermögens an die hohe Finanz, wodurch ist es bedingt? Durch die beständig anwachsende Verschuldung des Staates. Und die Verschuldung des Staates? Durch das beständige Uebergewicht seiner Ausgaben über seine Einnahmen, ein Mißverhältniß, welches zugleich die Ursache und die Wirkung des Systems der Staatsanleihen ist.

Um dieser Verschuldung zu entgehen, muß der Staat entweder seine Ausgaben einschränken, d. h. den Regierungsorganismus vereinfachen, verkürzen, möglichst wenig regieren, möglichst wenig Personal beschäftigen, möglichst wenig in Beziehung zur bürgerlichen Gesellschaft treten. Dieser Weg war unmöglich für die Partei der Ordnung, deren Repressionsmittel, deren offizielle Einmischung von Staatswegen, deren allseitige Gegenwart durch Staatsorgane in demselben Maße zunehmen mußten, als ihre Herrschaft und die Lebensbedingungen ihrer Klasse vielseitiger bedroht wurden. Man kann die Gendarmerie nicht in demselben Maß vermindern, als die Angriffe auf Personen und Eigenthum sich vermehren.

Oder der Staat muß die Schulden zu umgehen suchen und ein augenblickliches, aber vorübergehendes Gleichgewicht in dem Budget hervorbringen dadurch, daß er außerordentliche Steuern auf die Schultern der reichsten Klassen wälzt. Um den Nationalreichthum der Börsenexploitation zu entziehen, sollte die Partei der Ordnung ihren eigenen Reichthum auf dem Altare des Vaterlandes opfern? Pas si bête!

Also ohne gänzliche Umwälzung des französischen Staats keine Umwälzung des französischen Staatshaushaltes. Mit diesem Staatshaushalt nothwendig die Staatsverschuldung, und mit der Staatsverschuldung nothwendig die Herrschaft des Staatsschuldenhandels, der Staatsgläubiger, der Bankiers, der Geldhändler, der Börsenwölfe. Nur Eine Fraktion der Ordnungspartei war direkt am Sturze der Finanzaristokratie betheiligt, die Fabrikanten. Wir sprechen nicht von den mittleren, von den kleineren Industriellen, wir sprechen von den Regenten des Fabrikinteresses, die unter Louis Philipp die breite Basis der dynastischen Opposition gebildet hatten. Ihr Interesse ist unzweifelhaft Verminderung der Produktionskosten, also Verminderung der Steuern, die in die Produktion, also Verminderung der Staatsschulden, deren Zinsen in die Steuern eingehen, also Sturz der Finanzaristokratie.

In England — und die größten französischen Fabrikanten sind Kleinbürger gegen ihre englischen Rivalen — finden wir wirklich die Fabrikanten, einen Cobden, einen Bright, an der Spitze des Kreuzzuges gegen die Bank und die Börsenaristokratie. Warum nicht in Frankreich? In England herrscht die Industrie, in Frankreich die Agrikultur vor. In England bedarf die Industrie des free trade, in Frankreich des Schutzzolls, des nationalen Monopols neben den anderen Monopolen. Die französische Industrie beherrscht nicht die französische Produktion, die französischen Industriellen beherrschen daher nicht die französische Bourgeoisie. Um ihr Interesse gegen die übrigen Fraktionen der Bourgeoisie durchzusetzen, können sie nicht wie die Engländer an die Spitze der Bewegung treten und gleichzeitig ihr Klasseninteresse auf die Spitze treiben; sie müssen in das Gefolge der Revolution treten und Interessen dienen, die den Gesammtinteressen ihrer Klasse entgegenstehen. Im Februar hatten sie ihre Stellung verkannt, der Februar witzigte sie. Und wer ist direkter bedroht von den Arbeitern, als der Arbeitgeber, der industrielle Kapitalist? Der Fabrikant wurde daher nothwendig in Frankreich zum fanatischsten Gliede der Ordnungspartei. Die Schmälerung seines Profits durch die Finanz, was ist sie gegen die Aufhebung des Profits durch das Proletariat?

In Frankreich thut der Kleinbürger, was normaler Weise der industrielle Bourgeois thun müßte; der Arbeiter thut, was normaler Weise die Aufgabe des Kleinbürgers wäre, und die Aufgabe des Arbeiters, wer löst sie? Niemand. Sie wird nicht in Frankreich gelöst, sie wird in Frankreich proklamirt. Sie wird nirgendwo gelöst innerhalb der nationalen Wände, der Klassenkrieg innerhalb der französischen Gesellschaft schlägt um in einen Weltkrieg, worin sich die Nationen gegenübertreten. Die Lösung, sie beginnt erst in dem Augenblick, wo durch den Weltkrieg das Proletariat an die Spitze des Volks getrieben wird, das den Weltmarkt beherrscht, an die Spitze Englands. Die Revolution, die hier nicht ihr Ende, sondern ihren organisatorischen Anfang findet, ist keine kurzathmige Revolution. Das jetzige Geschlecht gleicht den Juden, die Moses durch die Wüste führt. Es hat nicht nur eine neue Welt zu erobern, es muß untergehen, um den Menschen Platz zu machen, die einer neuen Welt gewachsen sind.

Kommen wir auf Fould zurück.

Am 14. November 1849 bestieg Fould die Tribüne der Nationalversammlung und setzte sein Finanzsystem auseinander: Apologie des alten Steuersystems! Beibehaltung der Weinsteuer! Zurückziehen der Einkommensteuer Passy's!

Auch Passy war kein Revolutionär, er war ein alter Minister Louis Philipp's. Er gehörte zu den Puritanern von der Force Du Jaure's und zu den intimsten Vertrauten Teste's, des Sündenbocks der Julimonarchie.*) Auch Passy hatte das alte Steuersystem gelobt, die Beibehaltung der Weinsteuer empfohlen, aber er hatte gleichzeitig den Schleier vom Staatsdefizit weggerissen. Er hatte die Nothwendigkeit einer neuen Steuer, der Einkommensteuer erklärt, wolle man nicht den Staatsbankerott. Fould, der Ledru=Rollin den Staatsbankerott empfahl, empfahl der Legislative das Staatsdefizit. Er versprach Ersparungen, deren Geheimniß sich später dahin enthüllte, daß sich z. B. die Ausgaben um sechzig Millionen verminderten und die schwebende Schuld sich um zweihundert Millionen vermehrte – Taschenspielerkünste in der Gruppirung der Zahlen, in der Aufstellung der Rechnungsablage, die alle schließlich auf neue Anleihen hinausliefen.

Unter Fould trat die Finanzaristokratie, neben den übrigen eifersüchtigen Bourgeoisfraktionen, natürlich nicht so schamlos korrupt auf, wie unter Louis Philipp. Aber einmal war das System dasselbe, stete Vermehrung der Schulden, Verkleidung des Defizits.

---

*) Am 8. Juni 1849 begann vor der Pairskammer in Paris der Prozeß gegen Parmentier und General Cubières wegen Beamtenbestechung behufs Erlangung einer Salzwerks=Konzession, und gegen den damaligen Minister der öffentlichen Arbeiten, Teste, wegen Annahme solcher Bestechungsgelder. Letzterer machte während des Prozesses einen Selbstmordversuch. Alle wurden zu schweren Geldstrafen verurtheilt, Teste außerdem noch zu drei Jahren Gefängniß.

Und mit der Zeit trat die alte Börsenschwindelei unverhüllter hervor. Beweis: das Gesetz über die Eisenbahn von Avignon, die mysteriösen Schwankungen der Staatspapiere, einen Augenblick das Tagesgespräch von ganz Paris, endlich die mißglückten Spekulationen Fould's und Bonapartes auf die Wahlen vom 10. März.

Mit der offiziellen Restauration der Finanzaristokratie mußte das französische Volk bald wieder vor einem 24. Februar ankommen. Die Konstituante, in einem Anfall von Misanthropie gegen ihre Erbin, hatte die Weinsteuer abgeschafft für das Jahr des Herrn 1850. Mit der Abschaffung alter Steuern konnten neue Schulden nicht bezahlt werden. Creton, ein Cretin der Ordnungspartei, hatte die Beibehaltung der Weinsteuer schon vor Vertagung der legislativen Versammlung beantragt. Fould nahm diesen Antrag auf, im Namen des bonapartistischen Ministeriums, und am 20. Dezember 1849, am Jahrestage der Proklamation Bonapartes, dekretirte die Nationalversammlung die Restauration der Weinsteuer.

Der Vorredner dieser Restauration war kein Finanzier, es war der Jesuitenchef Montalembert. Seine Deduktion war schlagend einfach: Die Steuer, das ist die Mutterbrust, woran sich die Regierung stillt. Die Regierung, das sind die Werkzeuge der Repression, das sind die Organe der Autorität, das ist die Armee, das ist die Polizei, das sind die Beamten, die Richter, die Minister, das sind die Priester. Der Angriff auf die Steuer, das ist der Angriff der Anarchisten auf die Schildwachen der Ordnung, die die materielle und geistige Produktion der bürgerlichen Gesellschaft vor den Eingriffen der proletarischen Vandalen beschützen. Die Steuer, das ist der fünfte Gott, neben dem Eigenthum, der Familie, der Ordnung und der Religion. Und die Weinsteuer ist unstreitig eine Steuer, und zudem keine gewöhnliche, sondern eine altherkömmliche, eine monarchisch gesinnte, eine respektable Steuer. Vive l'impôt des boissons! Three cheers and one cheer more!

Der französische Bauer, wenn er sich den Teufel an die Wand malt, malt ihn unter der Gestalt des Steuerexekutors. Von dem Augenblick an, wo Montalembert die Steuer zum Gott erhob, wurde der Bauer gottlos, Atheist, und warf sich dem Teufel in die Arme, dem Sozialismus. Die Religion der Ordnung hatte ihn verscherzt, die Jesuiten hatten ihn verscherzt, Bonaparte hatte ihn verscherzt. Der 20. Dezember 1849 hatte den 20. Dezember 1848 unwiderruflich kompromittirt. Der „Neffe seines Onkels" war nicht der Erste seiner Familie, den die Weinsteuer schlug, diese Steuer, die nach dem Ausdruck Montalembert's das Revolutionsunwetter wittert. Der wirkliche, der große Napoleon erklärte auf St. Helena, daß die Wiedereinführung der Weinsteuer mehr zu seinem Sturze beigetragen als alles Andere, indem sie ihm die Bauern Südfrankreichs entfremdet habe. Schon unter Louis XIV. die Favoritin des Volkshasses (siehe die Schriften von Boisguillebert und Vauban, von der ersten Revolution abgeschafft, hatte Napoleon sie 1808 unter modifizirter Form wieder eingeführt. Als die Restauration in Frankreich einzog, trabten vor ihr her nicht allein die Rosalen, sondern auch die Verheißungen von der Abschaffung der Weinsteuer. Die gentilhommerie brauchte natürlich der gent taillable à merci et miséricorde nicht Wort zu halten. 1830 versprach die Abschaffung der Weinsteuer. Es war nicht seine Art, zu thun, was es sagte, und zu sagen, was es that. 1848 versprach die Abschaffung der Weinsteuer, wie es Alles versprach. Die Konstituante endlich, die Nichts versprach, machte, wie erwähnt, eine testamentarische Verfügung, wonach die Weinsteuer am 1. Januar 1850 verschwinden sollte. Und gerade zehn Tage vor dem 1. Januar 1850 führte die Legislative sie wieder ein, so daß das französische Volk ihr beständig nachjagte, und wenn es sie zur Thüre hinausgeworfen hatte, sie durch das Fenster wieder hereinkommen sah.

Der populäre Haß gegen die Weinsteuer erklärt sich daraus, daß sie alle Gehässigkeiten des französischen Steuersystems in sich vereinigt. Die Weise ihrer Erhebung ist gehässig, die Weise ihrer Vertheilung ist aristokratisch, denn die Steuerprozente sind dieselben für die gewöhnlichsten, wie für die kostbarsten Weine. Sie nimmt also in geometrischem Verhältniß zu, wie das Vermögen der Konsumenten abnimmt, eine umgekehrte Progressivsteuer. Sie provozirt daher direkt die Vergiftung der arbeitenden Klassen als Prämie auf verfälschte und nachgemachte Weine. Sie vermindert die Konsumtion, indem sie an den Thoren aller Städte über 4000 Einwohner Oktrois errichtet und jede Stadt in ein fremdes Land mit Schutzzöllen gegen den französischen Wein verwandelt. Die großen Weinhändler, noch mehr aber die kleinen, die marchands de vins, die Weinschenken, deren Erwerb von dem Konsum des Weins unmittelbar abhängt, sind ebenso viele erklärte Gegner der Weinsteuer. Und endlich, indem sie den Konsum vermindert, schneidet die Weinsteuer der Produktion den Absatzmarkt ab. Während sie die städtischen Arbeiter unfähig macht, den Wein zu bezahlen, macht sie die Weinbauern unfähig, ihn zu verkaufen. Und Frankreich zählt eine weinbauende Bevölkerung von ungefähr 12 Millionen. Man begreift daher den Haß des Volkes im Allgemeinen, man begreift namentlich den Fanatismus der Bauern gegen die Weinsteuer. Und zudem sahen sie in ihrer Restauration kein vereinzeltes, mehr oder minder zufälliges Ereigniß. Die Bauern haben eine eigene Art historischer Ueberlieferung, die vom Vater auf den Sohn vererbt, und in dieser historischen Schule munkelte es, daß jede Regierung, so lange sie die Bauern betrügen will, die Abschaffung der Weinsteuer verspricht, und sobald sie die Bauern betrogen hat, die Weinsteuer beibehält oder wieder einführt. An der Weinsteuer erprobt der Bauer das Bouquet der Regierung, ihre

Tendenz. Die Restauration der Weinsteuer am 20. Dezember hieß: Louis Bonaparte ist wie die Anderen; aber er war nicht wie die Anderen, er war eine Bauernerfindung, und in den Millionen Unterschriften zählenden Petitionen gegen die Weinsteuer nahmen sie die Stimmen zurück, die sie ein Jahr vorher dem „Neffen seines Onkels" gegeben hatten.

Die Landbevölkerung, über zwei Drittheile der französischen Gesammtbevölkerung, besteht größtentheils aus sogenannten freien Grundeigenthümern. Die erste Generation, durch die Revolution von 1789 unentgeltlich von den Feudallasten befreit, hatte keinen Preis für die Erde gezahlt. Aber die folgenden Generationen zahlten unter der Gestalt des Bodenpreises, was ihre halb= leibeigenen Vorfahren unter der Form der Rente, der Zehnten, der Frohndienste usw. gezahlt hatten. Je mehr einerseits die Bevölkerung wuchs, je mehr andererseits die Theilung der Erde stieg — um so theurer wurde der Preis der Parzelle, denn mit ihrer Kleinheit nahm der Umfang der Nachfrage für sie zu. In dem Verhältniß aber, worin der Preis stieg, den der Bauer für die Parzelle zahlte, sei es, daß er sie direkt kaufte, oder daß er sie von seinen Miterben sich als Kapital anrechnen ließ, in demselben Verhältnisse stieg noth= wendig die Verschuldung des Bauern, d. h. die Hypothek. Der auf dem Grund und Boden haftende Schuldtitel heißt nämlich Hypothek, Pfandzettel auf den Grund und Boden. Wie auf dem mittelaltrigen Grundstücke die Privilegien, akkumuliren sich auf der modernen Parzelle die Hypotheken. — Andererseits: In dem Regime der Parzellirung ist die Erde für ihren Eigenthümer ein reines Produktionsinstrument. In demselben Maße nun, worin der Grund und Boden getheilt wird, nimmt seine Fruchtbarkeit ab. Die Anwendung der Maschinerie auf Grund und Boden, die Theilung der Arbeit, die großen Veredlungsmittel der Erde, wie Anlegung von Abzugs= und Bewässerungskanälen u. dgl., werden mehr und mehr unmöglich, während die falschen Kosten der Bebauung in demselben Verhältnisse wachsen wie die Theilung des Produktions= instrumentes selbst. Alles dies, abgesehen davon, ob der Besitzer der Parzelle Kapital besitzt oder nicht. Aber je mehr die Theilung steigt, um so mehr bildet das Grundstück mit dem allerjämmerlichsten Inventarium das ganze Kapital des Parzellenbauers, um so mehr fällt die Kapitalanlage auf Grund und Boden weg, um so mehr fehlen dem Kothsassen Erde, Geld und Bildung, um die Fortschritte der Agronomie anzuwenden, um so mehr macht die Bodenbebauung Rückschritte. Endlich vermindert sich der Reinertrag in demselben Verhältniß, als der Bruttokonsum wächst, als die ganze Familie des Bauern durch ihren Besitz von anderen Beschäftigungen zurück= gehalten wird und doch nicht befähigt ist, von ihm zu leben.

In demselben Maße also, worin die Bevölkerung und mit ihr

die Theilung des Grund und Bodens zunimmt, in demselben Maße vertheuert sich das Produktionsinstrument, die Erde, und nimmt ihre Fruchtbarkeit ab, in demselben Maße verfällt der Ackerbau und verschuldet sich der Bauer. Und was Wirkung war, wird seinerseits zur Ursache. Jede Generation läßt die andere verschuldeter zurück, jede neue Generation beginnt unter ungünstigeren und erschwerenderen Bedingungen, die Hypothecirung erzeugt die Hypothecirung, und wenn es dem Bauer unmöglich wird, in seiner Parzelle ein Unterpfand für neue Schulden zu bieten, d. h. sie mit neuen Hypotheken zu belasten, verfällt er direkt dem Wucher, um so enormer werden die Wucherzinsen.

So kam es, daß der französische Bauer unter der Form von Zinsen für die auf der Erde haftenden Hypotheken, unter der Form von Zinsen für nicht verhypothecirte Vorschüsse des Wuchers, nicht nur eine Grundrente, nicht nur den industriellen Profit, mit einem Wort nicht nur den ganzen Reingewinn an den Kapitalisten abtritt, sondern selbst einen Theil des Arbeitslohnes, daß er also auf die Stufe des irischen Pächters herabsank und Alles unter dem Vorwande, Privateigenthümer zu sein.

Dieser Prozeß wurde in Frankreich beschleunigt durch die stets wachsende Steuerlast und durch die Gerichtskosten, theils direkt hervorgerufen durch die Formalitäten selbst, womit die französische Gesetzgebung das Grundeigenthum umgiebt, theils durch die unzähligen Konflikte der überall sich begrenzenden und durchkreuzenden Parzellen, theils durch die Prozeßwuth der Bauern, deren Eigenthumsgenuß sich auf die fanatische Geltendmachung des vorgestellten Eigenthums, des Eigenthumsrechts beschränkt.

Nach einer statistischen Aufstellung von 1840 betrug das Bruttoprodukt des französischen Grund und Bodens 5 237 178 000 Frcs. Es gehen hiervon ab 3 552 000 000 Frcs. für Kosten der Bearbeitung, eingeschlossen den Konsum der arbeitenden Menschen. Bleibt ein Nettoprodukt von 1 685 178 000 Frcs., wovon 550 Millionen für Hypothekenzinsen, 100 Millionen für Justizbeamte, 350 Millionen für Steuern und 107 Millionen für Einschreibungsgeld, Stempelgeld, Hypothecirungsgebühren usw. abzuziehen. Bleibt der dritte Theil des Nettoprodukts, 538 Millionen; auf den Kopf der Bevölkerung vertheilt, noch nicht 25 Frcs. Nettoprodukt. In dieser Rechnung findet natürlich weder der außerhypothekarische Wucher sich aufgeführt, noch die Kosten für Advokaten usw.

Man begreift die Lage der französischen Bauern, als die Republik ihren alten Lasten noch neue hinzugefügt hatte. Man sieht, daß ihre Exploitation von der Exploitation des industriellen Proletariats sich nur durch die Form unterscheidet. Der Exploiteur ist derselbe: das Kapital. Die einzelnen Kapitalisten exploitiren die einzelnen Bauern durch die Hypothek und den Wucher, die Kapitalistenklasse exploitirt die Bauernklasse durch die Staatssteuer. Der Eigenthumstitel der Bauern ist der Talisman, womit das Kapital ihn bisher bannte, der Vorwand, unter dem es ihn gegen das industrielle Proletariat aufhetzte. Nur der Fall des Kapitals kann den Bauern steigen machen, nur eine antikapitalistische, eine proletarische Regierung kann sein ökonomisches Elend, seine gesellschaftliche Degradation brechen. Die konstitutionelle Republik, das ist die Diktatur seiner vereinigten Exploiteurs, die sozialdemokratische, die rothe Republik, das ist die Diktatur seiner Verbündeten. Und die Wage steigt oder fällt, je nach den Stimmen, welche der Bauer in die Wahlurne wirft. Er selbst hat über sein Schicksal zu entscheiden. — So sprachen die Sozialisten in Pamphlets, in Almanachs, in Kalendern, in Flugschriften aller Art. Verständlicher wurde ihm diese Sprache durch die Gegenschriften der Partei der Ordnung, die sich ihrerseits an ihn wandte und durch die grobe Uebertreibung, durch die brutale Auffassung und Darstellung der Absichten und Ideen der Sozialisten den wahren Bauernton traf, und seine Lüsternheit nach der verbotenen Frucht überreizte. Am verständlichsten aber sprachen die Erfahrungen selbst, welche die Bauernklasse von dem Gebrauch des Stimmrechts gemacht hatte, und die in revolutionärer Hast Schlag auf Schlag ihn überstürzenden Enttäuschungen. Die Revolutionen sind die Lokomotiven der Geschichte.

Die allmälige Umwälzung der Bauern trat in verschiedenen Symptomen hervor. Sie zeigte sich schon in den Wahlen zur legislativen Versammlung, sie zeigte sich in dem Belagerungszustand der fünf, Lyon begrenzenden Departements, sie zeigte sich einige Monate nach dem 13. Juni in der Wahl eines Montagnards an der Stelle des ehemaligen Präsidenten der Chambre introuvable*) durch das Departement der Gironde, sie zeigte sich am 20. Dezember 1849 in der Wahl eines Rothen an der Stelle eines verstorbenen legitimistischen Deputirten im Departement du Gard, diesem gelobten Lande der Legitimisten, der Szene der furchtbarsten Schandthaten gegen die Republikaner 1794 und 1795, dem Centralsitz der terreur blanche von 1815, wo Liberale und Protestanten öffentlich gemordet wurden. Diese Revolutionirung der stationärsten Klasse tritt am augenscheinlichsten hervor nach der Wiedereinführung der Weinsteuer. Die Regierungsmaßregeln und Gesetze während des Januars und Februars 1850 sind fast ausschließlich gegen die Departemente und die Bauern gerichtet. Schlagendster Beweis ihres Fortschrittes.

Cirkular Hautpoul's, wodurch der Gendarm zum Inquisitoren des Präfekten, des Unterpräfekten und vor Allem des Maire ernannt, wodurch die Spionage bis in die Schlupfwinkel der ent-

---

*) So heißt in der Geschichte die unmittelbar nach dem zweiten Sturz Napoleon's 1815 gewählte, fanatisch ultraroyalistische und reaktionäre Deputirtenkammer.

legensten Dorfgemeinde organisirt wurde: Gesetz gegen die Schul=
meister, wodurch sie, die Kapazitäten, die Wortführer, die Erzieher
und die Dolmetscher der Bauernklasse, der Willkür der Präfekten
unterworfen, sie, die Proletarier der Gelehrtenklasse, gleich gehetztem
Wild aus einer Gemeinde in die andere gejagt wurden; Gesetzes=
vorschlag gegen die Maires, wodurch das Damokles=Schwert
der Absetzung über ihre Häupter verhängt und sie, die Präsidenten
der Bauerngemeinden, jeden Augenblick dem Präsidenten der Republik
und der Ordnungspartei gegenüber gestellt wurden; Ordonnanz,
welche die 17 Militär=Devisionen Frankreichs in vier Paschaliks
verwandelte, und die Kaserne und das Bivouak den Franzosen
als Nationalsalon oktroyirte; Unterrichtsgesetz, wodurch die
Ordnungspartei die Bewußtlosigkeit und die gewaltsame Verdummung
Frankreichs als ihre Lebensbedingung unter dem Regime des all=
gemeinen Wahlrechts proklamirte — was waren alle diese Gesetze
und Maßregeln? Verzweifelte Versuche, die Departemente und die
Bauern der Departemente der Partei der Ordnung wieder zu erobern.

Als Repression betrachtet, jämmerliche Mittel, die ihrem
eigenen Zweck den Hals umdrehten. Die großen Maßregeln, wie
die Beibehaltung der Weinsteuer, der 45 Centimes=Steuer, die
höhnische Verwerfung der Bauernpetitionen um Rückzahlung der
Milliarde usw., alle diese gesetzgeberischen Donnerschläge trafen die
Bauernklasse nur einmal, im Großen, vom Centralsitz aus; die an=
geführten Gesetze und Maßregeln machten den Angriff und den
Widerstand allgemein zum Tagesgespräch jeder Hütte, sie inokulirten
die Revolution jedem Dorf, sie lokalisirten und verbauerten
die Revolution.

Andererseits, beweisen nicht diese Vorschläge Bonapartes, ihre
Annahme von der Nationalversammlung, die Einigkeit der beiden
Gewalten der konstitutionellen Republik, soweit es sich um Repression
der Anarchie handelt, d. h. aller Klassen, die sich gegen die Bourgeois=
diktatur auflehnen? Hatte Soulouque nicht gleich nach seiner
barschen Botschaft die Legislative seines Devouments für die Ordnung
versichert durch die unmittelbar nachfolgende Botschaft Carlier's,
dieser schmutzig=gemeinen Karrikatur Fouché's, wie Louis Bonaparte
selbst die plattgedrückte Karrikatur Napoleon's war?

Das Unterrichtsgesetz zeigt uns die Allianz der jungen
Katholiken und der alten Voltairianer. Die Herrschaft der ver=
einigten Bourgeois, konnte sie etwas anderes sein als der koalisirte
Despotismus der jesuitenfreundlichen Restauration und der freigeistig=
thuenden Julimonarchie? Die Waffen, welche die eine Bourgeois=
fraktion gegen die andere unter das Volk vertheilt hatte in ihrem
wechselseitigen Ringen um die Oberherrschaft, mußten sie dem Volke
nicht wieder entrissen werden, seitdem es ihrer vereinigten Diktatur
gegenüberstand? Nichts hat den Pariser Boutiquier mehr empört

als diese kokette Etalage des Jesuitismus, selbst nicht die Verwerfung der concordats à l'amiable.

Unterdessen gingen die Kollisionen fort zwischen den verschiedenen Fraktionen der Ordnungspartei, wie zwischen der Nationalversammlung und Bonaparte. Wenig gefiel der Nationalversammlung, daß Bonaparte gleich nach seinem Coup d'état, nach seiner Beschaffung eines eigenen bonapartistischen Ministeriums die nun zu Präfekten ernannten Invaliden der Monarchie vor sich bescheid und ihre konstitutionswidrige Agitation für seine Wiederwählung als Präsident zur Bedingung ihres Amtes machte, daß Carlier seine Inauguration feierte mit der Aufhebung eines legitimistischen Klubs, daß Bonaparte ein eigenes Journal „le Napoléon" stiftete, das die geheimen Gelüste des Präsidenten dem Publikum verrieth, während seine Minister auf der Bühne der Legislativen sie verleugnen mußten; wenig gefiel ihr die trotzige Beibehaltung des Ministeriums, ungeachtet ihrer verschiedenen Mißtrauensvota, wenig der Versuch, die Gunst der Unteroffiziere durch eine tägliche Zulage von vier Sous, und die Gunst des Proletariats durch ein Plagiat aus den Mystères Eugène Sue's zu gewinnen, durch eine Ehrenleihbank, wenig endlich die Unverschämtheit, womit man die Deportation der übrig bleibenden Juni-Insurgenten nach Algier durch die Minister beantragen ließ, um der Legislativen die Unpopularität en gros aufzuwälzen, während der Präsident sich selbst die Popularität en détail vorbehielt durch einzelne Begnadigungsakte. Thiers ließ drohende Worte fallen von „Coups d'état" und „coups de tête", und die Legislative rächte sich an Bonaparte, indem sie jeden Gesetzesvorschlag, den er für sich selbst stellte, verwarf, jeden, den er im gemeinsamen Interesse vorschlug, geräuschvoll-mißtrauisch untersuchte, ob er durch die Vermehrung der Exekutivgewalt nicht der persönlichen Gewalt Bonapartes zu profitiren strebe. In einem Worte, sie rächte sich durch die **Konspiration der Verachtung.**

Die Legitimistenpartei ihrerseits sah mit Verdruß die befähigteren Orleanisten sich fast aller Posten wieder bemächtigen und die **Centralisation** wachsen, während sie ihr Heil prinzipiell in der **Decentralisation** suchte. Und wirklich. Die Kontrerevolution centralisirte gewaltsam, d. h. sie bereitete den Mechanismus der Revolution vor. Sie centralisirte sogar durch den Zwangskurs der Banknoten das Gold und Silber Frankreichs in der Pariser Bank und schuf so den fertigen Kriegsschatz der Revolution.

Die Orleanisten endlich sahen mit Verdruß das auftauchende Prinzip der Legitimität ihrem Bastardprinzip entgegen gehalten und sich selbst jeden Augenblick zurückgesetzt und malträtirt als bürgerliche Mésalliance von dem adeligen Gatten.

Nach und nach sahen wir Bauern, Kleinbürger, die Mittelstände überhaupt, neben das Proletariat treten, gegen die offizielle Republik

in offenen Gegensatz getrieben, als Gegner von ihr behandelt. Auf
lehnung gegen die Bourgeoisdiktatur, Bedürfniß einer
Veränderung der Gesellschaft, Festhaltung der demo
kratisch republikanischen Institutionen als ihrer Be
wegungsorgane, Gruppirung um das Proletariat als die
entscheidende revolutionäre Macht — das sind die gemein
schaftlichen Charakterzüge der sogenannten Partei der Sozial
demokratie, der Partei der rothen Republik. Diese Partei
der Anarchie, wie ihre Gegner sie taufen, ist nicht minder eine
Koalition verschiedener Interessen als die Partei der Ordnung.
Von der kleinsten Reform der alten gesellschaftlichen Unordnung bis
zur Umwälzung der alten gesellschaftlichen Ordnung, von dem bürgerlichen Liberalismus bis zum revolutionären Terrorismus, so weit
liegen die Extreme auseinander, welche den Ausgangspunkt und
den Endpunkt der Partei der „Anarchie" bilden.

Abschaffung der Schutzzölle — Sozialismus! denn sie greift
das Monopol der industriellen Fraktion der Ordnungspartei
an. Regelung des Staatshaushaltes — Sozialismus! denn sie greift
das Monopol der finanziellen Fraktion der Ordnungspartei an.
Freie Einlassung von fremdem Fleisch und Getreide — Sozialismus!
denn sie greift das Monopol der dritten Fraktion der Ordnungspartei an, des großen Grundeigenthums. Die Forderungen
der Freetrader-Partei, d. h. der fortgeschrittensten englischen Bourgeoispartei, sie erscheinen in Frankreich als ebensoviele sozialistische
Forderungen. Voltairianismus — Sozialismus! denn er greift eine
vierte Fraktion der Ordnungspartei an, die katholische. Preß-
freiheit, Assoziationsrecht, allgemeiner Volksunterricht — Sozialismus,
Sozialismus! Sie greifen das Gesammtmonopol der Ordnungspartei an.

So rasch hatte der Gang der Revolution die Zustände gereift,
daß die Reformfreunde aller Schattirungen, daß die bescheidensten
Ansprüche der Mittelklassen gezwungen waren, sich um die Fahne
der äußersten Umsturzpartei zu gruppiren, um die rothe Fahne.

So mannichfaltig indeß der Sozialismus der verschiedenen
großen Glieder der Partei der Anarchie war, je nach den ökonomischen Bedingungen und den daraus hervorfließenden revolutionären Gesammtbedürfnissen ihrer Klasse oder Klassenfraktion, in
einem Punkte kommt er überein: sich als Mittel der Emanzipation des Proletariats und die Emanzipation desselben
als seinen Zweck zu verkünden. Absichtliche Täuschung der einen,
Selbsttäuschung der anderen, die die nach ihren Bedürfnissen um-
gewandelte Welt als die beste Welt für alle ausgeben, als die Verwirklichung aller revolutionären Ansprüche und die Aufhebung aller
revolutionären Kollisionen.

Unter den ziemlich gleichlautenden allgemeinen sozialistischen

Phrasen der „Partei der Anarchie" verbirgt sich der Sozialismus des „National", der „Presse" und des „Siècle", der mehr oder minder konsequent die Herrschaft der Finanzaristokratie stürzen und Industrie und Verkehr von ihren bisherigen Fesseln befreien will. Es ist dies der Sozialismus der Industrie, des Handels und der Agrikultur, deren Regenten in der Partei der Ordnung diese Interessen verleugnen, soweit sie nicht mehr mit ihren Privatmonopolen zusammenfallen. Von diesem **bürgerlichen Sozialismus**, der natürlich, wie jede der Abarten des Sozialismus einen Theil der Arbeiter und Kleinbürger ralliirt, scheidet sich der eigentliche **kleinbürgerliche Sozialismus**, der Sozialismus par excellence. Das Kapital hetzt diese Klasse hauptsächlich als **Gläubiger**, sie verlangt **Kreditinstitute**; es ekrasirt sie durch die **Konkurrenz**, sie verlangt **Assoziationen** vom Staate unterstützt; es überwältigt sie durch die **Konzentration**, sie verlangt **Progressivsteuern**, **Erbschaftsbeschränkungen**, Uebernahme der großen Arbeiten durch den Staat und andere Maßregeln, **die das Wachsthum des Kapitals gewaltsam aufhalten**. Da sie die friedliche Durchführung ihres Sozialismus träumt — abgerechnet etwa eine kurztägige zweite Februarrevolution — erscheint ihr natürlich der kommende geschichtliche Prozeß als die **Anwendung von Systemen**, welche die Denker der Gesellschaft, sei es in Kompagnien, sei es als einzelne Erfinder, aussinnen oder ausgesonnen haben. So werden sie die Eklektiker oder Adepten der vorhandenen sozialistischen Systeme, des doktrinären Sozialismus, der nur so lange der theoretische Ausdruck des Proletariats war, als es noch nicht zur freien geschichtlichen Selbstbewegung sich fortentwickelt hatte.

Während so die Utopie, der doktrinäre Sozialismus, der die Gesammtbewegung einem ihrer Momente unterordnet, der an die Stelle der gemeinschaftlichen, gesellschaftlichen Produktion die Hirnthätigkeit des einzelnen Pedanten setzt, und vor Allem den revolutionären Kampf der Klassen mit seinen Nothwendigkeiten durch kleine Kunststücke oder große Sentimentalitäten wegphantasirt, während dieser doktrinäre Sozialismus, der im Grunde nur die jetzige Gesellschaft idealisirt, ein schattenloses Bild von ihr aufnimmt und sein Ideal gegen ihre Wirklichkeit durchsetzen will, während dieser Sozialismus von dem Proletariat an das Kleinbürgerthum abgetreten wird, während der Kampf der verschiedenen Sozialisten-Chefs unter sich selbst jedes der sogenannten Systeme als anspruchsvolle Festhaltung des einen der Durchgangspunkte der sozialen Umwälzung gegen den anderen herausstellt, — gruppirt sich das Proletariat immer mehr um den revolutionären Sozialismus, um den Kommunismus, für den die Bourgeoisie selbst den Namen Blanqui erfunden hat. Dieser Sozialismus ist die Permanenzerklärung der Revolution, die Klassendiktatur des Proletariats als nothwendiger Durchgangspunkt zur Abschaffung der

Klassenunterschiede überhaupt, zur Abschaffung sämmtlicher Produktionsverhältnisse, worauf sie beruhen, zur Abschaffung sämmtlicher gesellschaftlichen Beziehungen, die diesen Produktionsverhältnissen entsprechen, zur Umwälzung sämmtlicher Ideen, die aus diesen gesellschaftlichen Beziehungen hervorgehen.

Der Raum dieser Darstellung erlaubt nicht, diesen Gegenstand weiter auszuführen.

Wir haben gesehen: wie in der Partei der Ordnung die **Finanzaristokratie** nothwendig an die Spitze trat, so in der Partei der „**Anarchie**" das **Proletariat**. Während die verschiedenen zu einer revolutionären Ligue verbundenen Klassen sich um das Proletariat gruppirten, während die Departemente immer unsicherer wurden und die legislative Versammlung selbst immer mürrischer gegen die Prätensionen des französischen Soulouque, nahten die lange aufgeschobenen und hingehaltenen Ersatzwahlen für die proskribirten Montagnards des 13. Juni heran.

Die Regierung, verachtet von ihren Feinden, mißhandelt und täglich gedemüthigt von ihren angeblichen Freunden, sah nur ein Mittel, aus der widerlichen und unhaltbaren Situation herauszutreten — die Emeute. Eine Emeute zu Paris hätte erlaubt, den Belagerungszustand über Paris und die Departemente zu verhängen und so die Wahlen zu kommandiren. Andererseits waren die Freunde der Ordnung, einer Regierung gegenüber, die den Sieg über die Anarchie erfochten, zu Konzessionen gezwungen, wollten sie nicht selbst als Anarchisten erscheinen.

Die Regierung begab sich an's Werk. Anfang Februar 1850 Provokationen des Volks durch Niedermetzeln der Freiheitsbäume. Vergeblich. Wenn die Freiheitsbäume ihren Platz verloren, verlor sie selbst den Kopf und trat erschrocken vor ihrer eigenen Provokation zurück. Die Nationalversammlung aber nahm diesen ungeschickten Emanzipationsversuch Bonaparte's mit eiskaltem Mißtrauen auf. Nicht erfolgreicher die Entfernung der Immortellenkränze von der Julisäule. Sie gab einem Theil der Armee zu revolutionären Demonstrationen Anlaß und der Nationalversammlung zu einem mehr oder minder versteckten Mißtrauensvotum gegen das Ministerium. Vergebens die Drohung der Regierungspresse mit Abschaffung des allgemeinen Wahlrechts, mit der Invasion der Kosaken. Vergebens die direkte Aufforderung d'Hautpoul's, mitten in der Legislative an die Linke, sich auf die Straße zu begeben, und seine Erklärung, die Regierung sei bereit, sie zu empfangen. Hautpoul empfing nichts als einen Ordnungsruf des Präsidenten, und die Ordnungspartei ließ mit stiller Schadenfreude einen Deputirten der Linken die usurpatorischen Gelüste Bonaparte's persifliren. Vergebens endlich die Prophezeiung einer Revolution für den 24. Februar. Die Regierung machte, daß der 24. Februar vom Volk ignorirt wurde.

Das Proletariat ließ sich zu keiner Emeute provoziren, weil es im Begriff war, eine Revolution zu machen.

Ungehindert durch die Provokationen der Regierung, die nur die allgemeine Gereiztheit gegen den bestehenden Zustand erhöhten, stellte das Wahlcomité, ganz unter dem Einflusse der Arbeiter, drei Kandidaten für Paris auf: Deflotte, Vidal und Carnot. Deflotte war ein Juni=Deportirter, amnestirt durch einen der Popularitätseinfälle Bonaparte's, er war ein Freund Blanqui's, und hatte sich an dem Attentat vom 15. Mai betheiligt. Vidal, als kommunistischer Schriftsteller bekannt durch sein Buch „Ueber die Vertheilung des Reichthums", ehemaliger Sekretär Louis Blanc's in der Kommission des Luxembourg; Carnot, Sohn des Konventsmannes, der den Sieg organisirt hatte, das wenigst kompromittirte Glied der Nationalpartei, Unterrichtsminister in der provisorischen Regierung und Exekutivkommission, durch seine demokratische Gesetzvorlage über den Volksunterricht ein lebendiger Protest gegen das Unterrichts= gesetz der Jesuiten. Diese drei Kandidaten repräsentirten die drei verbündeten Klassen: an der Spitze der Juni=Insurgent, der Ver= treter des revolutionären Proletariats, neben ihm der doktrinäre Sozialist, der Vertreter der sozialistischen Kleinbürgerschaft, der Dritte endlich Vertreter der republikanischen Bourgeoispartei, deren demokratische Formeln der Ordnungspartei gegenüber einen sozia= listischen Sinn gewonnen, und ihren eigenen Sinn längst ver= loren hatten. Es war dies eine allgemeine Koalition gegen die Bourgeoisie und die Regierung, wie im Februar. Aber diesmal war das Proletariat der Kopf der revolutio= nären Ligue.

Allen Anstrengungen zum Trotz siegten die sozialistischen Kan= didaten. Die Armee selbst stimmte für den Juni=Insurgenten gegen ihren eigenen Kriegsminister Lahitte. Die Ordnungspartei war wie vom Donner gerührt. Die Departementswahlen trösteten sie nicht, sie ergaben eine Majorität von Montagnards.

Die Wahl vom 10. März 1850! Es war die Zurück= nahme des Juni 1848: die Massacreurs und Deporteurs der Juni=Insurgenten kehrten in die Nationalversammlung zurück, aber gebeugt, im Gefolge der Deportirten, und ihre Prinzipien auf den Lippen. Es war die Zurücknahme des 13. Juni 1849: die von der Nationalversammlung proskribirte Montagne kehrte in die Nationalversammlung zurück, aber als vorgeschobene Trompeter der Revolution, nicht mehr als ihre Kommandeure. Es war die Zurücknahme des 10. Dezember: Napoleon war durchgefallen mit seinem Minister Lahitte. Die parlamentarische Geschichte Frank= reichs kennt nur ein Analogon: das Durchfallen d'Hauffy's, Ministers Karl's X., 1830. Die Wahl vom 10. März 1850 war endlich die Kassa= tion der Wahl vom 13. Mai, welche der Partei der Ordnung die

Majorität gegeben hatte. Die Wahl vom 10. März protestirte gegen die Majorität vom 13. Mai. Der 10. März war eine Revolution. Hinter den Wahlzetteln liegen die Pflastersteine. „Das Votum des 10. März ist der Krieg," rief Ségur d'Aguesseau aus, eines der fortgeschrittensten Glieder der Ordnungspartei. Mit dem 10. März 1850 tritt die konstitutionelle Republik in eine neue Phase, in die Phase ihrer Auflösung. Die verschiedenen Fraktionen der Majorität sind wieder unter sich und mit Bonaparte vereinigt, sie sind wieder die Retter der Ordnung, er wieder ihr neutraler Mann. Wenn sie sich erinnern, Royalisten zu sein, so geschieht es nur noch aus Verzweiflung an der Möglichkeit der Bourgeoisrepublik, wenn er sich erinnert, Präsident zu sein, so geschieht es nur noch, weil er verzweifelt, Präsident zu bleiben.

Die Wahl Deflotte's, des Juni-Insurgenten, beantwortet Bonaparte auf's Kommando der Ordnungspartei durch die Ernennung Baroche's zum Minister des Innern, Baroche's, des Anklägers von Blanqui und Barbès, von Ledru-Rollin und Guinard. Die Wahl Carnot's beantwortet die Legislative durch die Annahme des Unterrichtsgesetzes, die Wahl Vidal's durch die Unterdrückung der sozialistischen Presse. Durch den Trompetenstoß ihrer Presse sucht die Partei der Ordnung ihre eigene Furcht wegzuschmettern. „Das Schwert ist heilig", ruft eines ihrer Organe; „die Vertheidiger der Ordnung müssen die Offensive gegen die rothe Partei ergreifen", ein anderes: „zwischen dem Sozialismus und der Sozietät existirt ein Duell auf den Tod, ein rastlos unbarmherziger Krieg; in diesem Duell der Verzweiflung muß der eine oder der andere untergehen, wenn die Gesellschaft den Sozialismus nicht vernichtet, vernichtet der Sozialismus die Gesellschaft", kräht ein dritter Ordnungshahn. Werft die Barrikaden der Ordnung, die Barrikaden der Religion, die Barrikaden der Familie auf! Es muß geendet werden mit den 127 000 Wählern von Paris! Bartholomäusnacht der Sozialisten! Und die Partei der Ordnung glaubt einen Augenblick an ihre eigene Siegesgewißheit.

Am fanatischsten ergehen sich ihre Organe gegen die „Boutiquiers von Paris." Der Juni-Insurgent von Paris als Repräsentant erwählt von den Boutiquiers von Paris! das heißt ein zweiter Juni 1848 ist unmöglich, das heißt ein zweiter 13. Juni 1849 ist unmöglich, das heißt der moralische Einfluß des Kapitals ist gebrochen, d. h. die Bourgeoisversammlung vertritt nur noch die Bourgeoisie, d. h. das große Eigenthum ist verloren, weil sein Lehensträger, das kleine, im Lager der Eigenthumslosen seine Rettung sucht.

Die Partei der Ordnung kehrt natürlich zu ihrem unvermeidlichen Gemeinplatze zurück. „Mehr Repression!" ruft sie, „Verzehnfachte Repression!", aber ihre Repressionskraft hat sich um das Zehnfache vermindert, während der Widerstand sich verhundertfacht hat. Das Hauptwerkzeug der Repression selbst, die Armee, muß sie nicht reprimirt werden? Und die Partei der Ordnung spricht ihr letztes Wort: „der eiserne Ring einer erstickenden Legalität muß gebrochen werden. Die konstitutionelle Republik ist unmöglich. Wir müssen mit unseren wahren Waffen kämpfen, wir haben seit Februar 1848 die Revolution mit ihren Waffen und auf ihrem Terrain bekämpft, wir haben ihre Institutionen acceptirt, die Konstitution ist eine Festung, die nur die Belagernden beschützt, nicht die Belagerten! Indem wir uns im Bauche des trojanischen Pferdes in das heilige Ilion einschmuggelten, haben wir ungleich unseren Vorfahren, den Grecs*), nicht die feindliche Stadt erobert, sondern uns selbst zu Gefangenen gemacht.

Die Grundlage der Konstitution ist aber das allgemeine Wahlrecht. Die Vernichtung des allgemeinen Wahlrechts, es ist das letzte Wort der Partei der Ordnung, der Bourgeoisdiktatur.

Das allgemeine Wahlrecht gab ihnen Recht am 24. Mai 1848, am 20. Dezember 1848, am 13. Mai 1849, am 8. Juli 1849. Das allgemeine Wahlrecht hat sich selbst Unrecht gegeben am 10. März 1850. Die Bourgeoisherrschaft als Ausfluß und Resultat des allgemeinen Stimmrechts, als ausgesprochener Akt des souveränen Volkswillens, das ist der Sinn der Bourgeoiskonstitution. Aber von dem Augenblick an, wo der Inhalt dieses Stimmrechts, dieses souveränen Willens nicht mehr die Bourgeoisherrschaft ist, hat die Konstitution noch einen Sinn? Ist es nicht die Pflicht der Bourgeoisie, das Stimmrecht so zu regeln, daß es das Vernünftige will, ihre Herrschaft? Das allgemeine Wahlrecht, indem es die vorhandene Staatsmacht beständig wieder aufhebt und von Neuem aus sich erschafft, hebt es nicht alle Stabilität auf, stellt es nicht jeden Augenblick alle bestehenden Gewalten in Frage, vernichtet es nicht die Autorität, droht es nicht die Anarchie selbst zur Autorität zu erheben? Nach dem 10. März 1850, wer sollte noch zweifeln?

Die Bourgeoisie, indem sie das allgemeine Wahlrecht, mit dem sie sich bisher drapirt hatte, aus dem sie ihre Allmacht saugte, verwirft, gesteht unverholen: „Unsere Diktatur hat bisher bestanden durch den Volkswillen, sie muß jetzt befestigt werden wider den Volkswillen." Und konsequenter Weise sucht sie ihre Stützen nicht mehr in Frankreich, sondern außerhalb, in der Fremde, in der Invasion.

Mit der Invasion ruft sie, ein zweites Koblenz, das seinen Sitz in Frankreich selbst aufgeschlagen hat, alle nationalen Leidenschaften gegen sich wach. Mit dem Angriff auf das allgemeine Stimmrecht giebt sie der neuen Revolution einen allgemeinen Vorwand und die Revolution bedarf eines solchen Vorwandes. Jeder besondere

---

*) Grecs — Wortspiel: Griechen, aber auch: Falschspieler von Profession.

Vorwand würde die Fraktionen der revolutionären Ligue trennen und ihre Unterschiede hervortreten lassen. Der allgemeine Vorwand, er betäubt die halbrevolutionären Klassen, er erlaubt ihnen, sich selbst zu täuschen über den bestimmten Charakter der kommenden Revolution, über die Konsequenzen ihrer eigenen That. Jede Revolution bedarf einer Bankettfrage. Das allgemeine Stimmrecht, es ist die Bankettfrage der neuen Revolution.

Die koalisirten Bourgeoisfraktionen aber sind schon verurtheilt, indem sie von der einzig möglichen Form ihrer vereinten Macht, von der gewaltigsten und vollständigsten Form ihrer Klassenherrschaft, der konstitutionellen Republik zurückflüchten zu der untergeordneten, unvollständigen, schwächeren Form der Monarchie. Sie gleichen jenem Greise, der, um seine Jugendkraft wieder zu gewinnen, seinen Kinderstaat hervorholte und seinen welken Gliedern anzuquälen suchte. Ihre Republik hatte nur Ein Verdienst, das Treibhaus der Revolution zu sein.

Der 10. März 1850 trägt die Inschrift:

Après moi le déluge. nach mir die Sündfluth!

IV.

Die Abschaffung des allgemeinen Stimmrechts 1850.

(Aus Doppelheft V und VI.)

(Die Fortsetzung der vorstehenden drei Kapitel findet sich in der „Revue" des letzten erschienenen, fünften und sechsten Doppelheftes der „Neuen Rheinischen Zeitung". Nachdem hier zuerst die große, 1847 in England ausgebrochene Handelskrise geschildert und aus ihren Rückwirkungen auf den europäischen Kontinent die Zuspitzung der dortigen politischen Verwicklungen zu den Revolutionen des Februar und März 1848 erklärt worden, wird dann dargestellt, wie die im Laufe von 1848 wieder eingetretene, 1849 noch höher gesteigerte Prosperität des Handels und der Industrie den revolutionären Aufschwung lähmte und die gleichzeitigen Siege der Reaktion möglich machte. Speziell von Frankreich heißt es dann:)

Dieselben Symptome zeigten sich in Frankreich seit 1849 und besonders seit Anfang 1850. Die Pariser Industrien sind vollauf beschäftigt, und auch die Baumwollfabriken von Rouen und Mülhausen gehen ziemlich gut, obwohl hier die hohen Preise des Rohstoffes, wie in England, hemmend eingewirkt haben. Die Entwicklung der Prosperität in Frankreich wurde zudem besonders befördert durch die umfassende Zollreform in Spanien und durch die Herabsetzung der Zölle auf verschiedene Luxusartikel in Mexiko; nach beiden Märkten hat die Ausfuhr französischer Waaren bedeutend zugenommen. Die Vermehrung der Kapitalien führte in Frankreich zu einer Reihe von Spekulationen, denen die Ausbeutung der kalifornischen Goldminen auf großem Fuß zum Vorwand diente. Eine Menge von Gesellschaften tauchte auf, deren niedrige Aktienbeträge und deren sozialistisch-gefärbte Prospekte direkt an den Geldbeutel der Kleinbürger und Arbeiter appelliren, die aber sammt und sonders auf jene reine Prellerei hinauslaufen, welche den Franzosen und Chinesen allein eigenthümlich ist. Eine dieser Gesellschaften wird sogar direkt von der Regierung protegirt. Die Einfuhrzölle in

Frankreich) in den ersten neun Monaten betrugen 1848 63 Millionen Francs, 1849 95 Millionen Francs und 1850 93 Millionen Francs. Sie stiegen übrigens im Monat September 1850 wieder um mehr als eine Million gegen den gleichen Monat 1849. Die Ausfuhr ist ebenfalls 1849 und noch mehr 1850 gestiegen.

Der schlagendste Beweis der wiederhergestellten Prosperität ist die Wiedereinführung der Baarzahlungen der Bank durch das Gesetz vom 6. September 1850. Am 15. März 1848 war die Bank bevollmächtigt worden, ihre Baarzahlungen einzustellen. Ihre Notencirkulation, mit Einschluß der Provinzialbanken, betrug damals 373 Millionen Francs (14 920 000 £). Am 2. November 1849 betrug diese Cirkulation 482 Millionen Francs oder 19 280 000 £; Zuwachs von 4 360 000 £, und am 2. September 1850 496 Millionen Francs oder 19 840 000 £; Zuwachs von etwa 5 Millionen Pfund. Es trat dabei keine Depreciation der Noten ein; umgekehrt, die vermehrte Cirkulation der Noten war begleitet von beständig wachsender Aufhäufung von Gold und Silber in den Kellern der Bank, so daß im Sommer 1850 der Baarvorrath sich auf ungefähr 14 Millionen Pfund belief, eine in Frankreich unerhörte Summe. Daß die Bank so in den Stand gesetzt wurde, ihre Cirkulation und damit ihr thätiges Kapital um 123 Millionen Francs oder 5 Millionen Pfund zu erhöhen, beweist schlagend, wie richtig unsere Behauptung in einem früheren Heft war, daß die Finanzaristokratie durch die Revolution nicht nur nicht gestürzt, sondern sogar noch verstärkt worden ist. Noch augenscheinlicher wird dies Resultat durch folgende Uebersicht über die französische Bankgesetzgebung der letzten Jahre. Am 10. Juni 1847 wurde die Bank bevollmächtigt, Noten von 200 Francs auszugeben; die niedrigste Note war bisher 500 Francs. Ein Dekret vom 15. März 1848 erklärte die Noten der Bank von Frankreich für gesetzliche Münze und enthob die Bank der Verpflichtung, sie gegen Baar einzulösen. Ihre Notenausgabe wurde beschränkt auf 350 Millionen Francs. Sie wurde gleichzeitig bevollmächtigt, Noten von 100 Francs auszugeben. Ein Dekret vom 27. April verfügte die Verschmelzung der Departementalbanken mit der Bank von Frankreich; ein anderes Dekret vom 2. Mai 1848 erhöhte ihre Notenausgabe auf 442 Millionen Francs. Ein Dekret vom 22. Dezember 1849 steigerte das Maximum der Notenausgabe auf 525 Millionen Francs. Endlich führte das Gesetz vom 6. September 1850 die Austauschbarkeit der Noten gegen Geld wieder ein. Diese Thatsachen, die fortwährende Steigerung der Cirkulation, die Konzentration des ganzen französischen Kredits in den Händen der Bank, und die Anhäufung alles französischen Goldes und Silbers in den Bankgewölben, führten Herrn Proudhon zu dem Schluß, daß die Bank jetzt ihre alte Schlangenhaut abstreifen und sich in eine Proudhon'sche Volksbank metamorphosiren müsse. Er brauchte nicht einmal die Geschichte der englischen Bankrestriktion von 1797--1819 zu kennen, er brauchte nur seinen Blick über den Kanal zu richten, um zu sehen, daß dies für ihn in der Geschichte der bürgerlichen Gesellschaft unerhörte Faktum weiter nichts war, als ein höchst normales bürgerliches Ereigniß, das jetzt nur in Frankreich zum ersten Mal eintrat. Man sieht, daß die angeblich revolutionären Theoretiker, die nach der provisorischen Regierung in Paris das große Wort führten, ebenso unwissend waren über die Natur und die Resultate der ergriffenen Maßregeln, wie die Herren von der provisorischen Regierung selbst. Trotz der industriellen und kommerziellen Prosperität, deren sich Frankreich momentan erfreut, laborirt die Masse der Bevölkerung, die 25 Millionen Bauern, an großer Depression. Die guten Ernten der letzten Jahre haben die Getreidepreise in Frankreich noch viel tiefer gedrückt als in England, und die Stellung verschuldeter, vom Wucher ausgesogener und von Steuern gedrückter Bauern kann dabei nichts weniger als glänzend sein. Die Geschichte der letzten drei Jahre hat indeß zur Genüge bewiesen, daß diese Klasse der Bevölkerung durchaus keiner revolutionären Initiative fähig ist.

Wie die Periode der Krise später eintritt auf dem Kontinent als in England, so die der Prosperität. In England findet stets der ursprüngliche Prozeß statt; es ist der Demiurg des bürgerlichen Kosmos. Auf dem Kontinent treten die verschiedenen Phasen des Cyklus, den die bürgerliche Gesellschaft immer von Neuem durchläuft, in sekundärer und tertiärer Form ein. Erstens führte der Kontinent nach England unverhältnißmäßig mehr aus als nach irgend einem anderen Land. Diese Ausfuhr nach England hängt aber wieder ab von dem Stand Englands, besonders zum überseeischen Markt. Dann führt England nach den überseeischen Ländern unverhältnißmäßig mehr aus als der gesammte Kontinent, so daß die Quantität des kontinentalen Exports nach diesen Ländern immer abhängig ist von der jedesmaligen überseeischen Ausfuhr Englands. Wenn daher die Krisen zuerst auf dem Kontinent Revolutionen erzeugen, so ist doch der Grund derselben stets in England gelegt. In den Extremitäten des bürgerlichen Körpers muß es natürlich eher zu gewaltsamen Ausbrüchen kommen als in seinem Herzen, da hier die Möglichkeit der Ausgleichung größer ist als dort. Andererseits ist der Grad, worin die kontinentalen Revolutionen auf England zurückwirken, zugleich der Thermometer, an dem es sich zeigt, inwieweit diese Revolutionen wirklich die bürgerlichen Lebensverhältnisse in Frage stellen, oder wie weit sie nur ihre politischen Formationen treffen.

Bei dieser allgemeinen Prosperität, worin die Produktivkräfte der bürgerlichen Gesellschaft sich so üppig entwickeln, wie dies innerhalb der bürgerlichen Verhältnisse überhaupt möglich ist, kann von einer wirklichen Revolution keine Rede sein. Eine solche Revolution ist nur in den Perioden möglich, wo diese beiden Faktoren, die modernen **Produktivkräfte** und die **bürgerlichen Produktions formen**, miteinander in **Widerspruch** gerathen. Die verschiedenen Zänkereien, in denen sich jetzt die Repräsentanten der einzelnen Fraktionen der kontinentalen Ordnungspartei ergehen und gegenseitig kompromittiren, weil entfernt zu neuen Revolutionen Anlaß zu geben, sind im Gegentheil nur möglich, weil die Grundlage der Verhältnisse momentan so sicher und, was die Reaktion nicht weiß, so bürgerlich ist. An ihr werden alle die bürgerliche Entwicklung aufhaltenden Reaktionsversuche ebenso sehr abprallen, wie alle sittliche Entrüstung und alle begeisterten Proklamationen der Demokraten. **Eine neue Revolution ist nur möglich im Gefolge einer neuen Krisis.** Sie ist aber auch ebenso sicher wie diese.

Gehen wir nun nach **Frankreich** über.

Der Sieg, den das Volk in Verbindung mit den Kleinbürgern in den Wahlen vom 10. März errungen hatte, wurde von ihm selbst annullirt, indem es die neue Wahl vom 28. April provozirte. Vidal war, außer in Paris, auch im Niederrhein gewählt. Das Pariser Comité, in dem die Montagne und die Kleinbürgerschaft stark vertreten waren, veranlaßte ihn, für den Niederrhein zu acceptiren. Der Sieg vom 10. März hörte auf ein entscheidender zu sein; der Termin der Entscheidung wurde abermals hinausgeschoben, die Spannkraft des Volkes wurde erschlafft, es wurde an legale Triumphe gewöhnt statt der revolutionären. Der revolutionäre Sinn des 10. März, die Rehabilitirung der Juni=Insurrektion, wurde endlich vollständig vernichtet durch die Kandidatur Eugène Sue's, des sentimental kleinbürgerlichen Sozialphantasten, die das Proletariat höchstens als einen Witz, den Grisetten zu Gefallen acceptiren konnte. Dieser wohlmeinenden Kandidatur gegenüber stellte die Ordnungs= partei, kühner geworden durch die schwankende Politik der Gegner, einen Kandidaten auf, der den Junisieg repräsentiren sollte. Dieser komische Kandidat war der spartanische Familienvater Leclerc, dem indeß die heroische Rüstung durch die Presse Stück für Stück vom Leibe gerissen wurde, und der bei der Wahl auch eine glänzende Niederlage erlebte. Der neue Wahlsieg am 28. April machte die Montagne und die Kleinbürgerschaft übermüthig. Sie frohlockte schon in dem Gedanken, auf rein legalem Wege, und ohne durch eine neue Revolution das Proletariat wieder in den Vordergrund zu schieben, am Ziel ihrer Wünsche ankommen zu können; sie rechnete fest darauf, bei den neuen Wahlen von 1852 durch das allgemeine Stimmrecht Herrn Ledru=Rollin in den Präsidentenstuhl und eine Majorität von Montagnards in die Versammlung zu bringen. Die Ordnungspartei, durch die Erneuerung der Wahl, durch die Kan=

bibatur Sue's und durch die Stimmung der Montagne und Klein=
bürgerschaft vollkommen sicher gestellt, daß diese unter allen Um=
ständen entschlossen seien, ruhig zu bleiben, antwortete auf die
beiden Wahlsiege mit dem Wahlgesetz, das das allgemeine Stimm=
recht abschaffte.

Die Regierung hütete sich wohl, diesen Gesetzvorschlag auf ihre
eigene Verantwortlichkeit hin zu machen. Sie machte der Majorität
eine scheinbare Konzession, indem sie den Großwürdenträgern dieser
Majorität, den siebzehn Burggrafen, seine Ausarbeitung übertrug.
Nicht die Regierung schlug also der Versammlung, die Majorität
der Versammlung schlug sich selbst die Aufhebung des allgemeinen
Stimmrechts vor.

Am 8. Mai wurde das Projekt in die Kammer gebracht. Die
ganze sozialdemokratische Presse erhob sich wie ein Mann, um dem
Volk würdevolle Haltung, calme majestueux, Passivität und Ver=
trauen auf seine Vertreter zu predigen. Jeder Artikel dieser Journale
war ein Geständniß, daß eine Revolution vor Allem die sogenannte
revolutionäre Presse vernichten müsse und daß es sich also jetzt um
ihre Selbsterhaltung handle. Die angeblich revolutionäre Presse
verrieth ihr ganzes Geheimniß. Sie unterzeichnete ihr eigenes Todes=
urtheil.

Am 21. Mai brachte die Montagne die vorläufige Frage zur
Debatte und trug auf Verwerfung des ganzen Projekts an, weil es
die Verfassung verletze. Die Ordnungspartei antwortete, man werde
die Verfassung verletzen, wenn es nöthig sei, man brauche es jetzt
indeß nicht, weil die Verfassung jeder Deutung fähig sei und weil
die Majorität über die richtige Deutung allein kompetent entscheide.
Den zügellos wilden Angriffen von Thiers und Montalembert setzte
die Montagne einen anständigen und gebildeten Humanismus ent=
gegen. Sie berief sich auf den Rechtsboden; die Ordnungspartei
verwies sie auf den Boden, worauf das Recht wächst, auf das
bürgerliche Eigenthum. Die Montagne wimmerte: ob man denn
wirklich mit aller Gewalt Revolutionen heraufbeschwören wolle?
Die Ordnungspartei erwiderte: man werde sie abwarten.

Am 22. Mai wurde die vorläufige Frage erledigt mit 462 gegen
227 Stimmen. Dieselben Männer, die mit so feierlicher Gründlichkeit
bewiesen hatten, daß die Nationalversammlung und jeder einzelne
Deputirte abdanke, wenn er das Volk, seinen Vollmachtgeber, ab=
danke, harrten auf ihren Sitzen aus, suchten nun plötzlich statt ihrer
das Land, und zwar durch Petitionen, handeln zu lassen, und saßen
noch ungerührt da, als am 31. Mai das Gesetz glänzend durchging.
Sie suchten sich zu rächen durch einen Protest, worin sie ihre Un=
schuld an der Nothzucht der Konstitution zu Protokoll gaben, einen
Protest, den sie nicht einmal offen niederlegten, sondern dem Präsi=
denten hinterrücks in die Tasche schmuggelten.

Eine Armee von 150000 Mann in Paris, die lange Verschleppung der Entscheidung, die Einwiegelung der Presse, die Kleinmüthigkeit der Montagne und der neugewählten Repräsentanten, die majestätische Ruhe der Kleinbürger, vor Allem aber die kommerzielle und industrielle Prosperität verhinderten jeden Revolutionsversuch von Seiten des Proletariats.

Das allgemeine Wahlrecht hatte seine Mission erfüllt. Die Majorität des Volkes hatte die Entwicklungsschule durchgemacht, zu der es allein in einer revolutionären Epoche dienen kann. Es mußte beseitigt werden durch eine Revolution oder durch die Reaktion.

Einen noch größeren Aufwand von Energie entwickelte die Montagne bei einer bald darauf vorkommenden Gelegenheit. Der Kriegsminister d'Hautpoul hatte von der Tribüne herab die Februarrevolution eine unheilvolle Katastrophe genannt. Die Redner der Montagne, die, wie immer, sich durch sittlich entrüstetes Gepolter auszeichneten, wurden vom Präsidenten Düpin nicht zum Wort zugelassen. Girardin schlug der Montagne vor, sofort in Masse auszutreten. Resultat: Die Montagne blieb sitzen, aber Girardin wurde als unwürdig aus ihrem Schooß hinausgeworfen.

Das Wahlgesetz bedurfte noch einer Vervollständigung, eines neuen Preßgesetzes. Dies ließ nicht lange auf sich warten. Ein Vorschlag der Regierung, vielfach verschärft durch Amendements der Ordnungspartei, erhöhte die Kautionen, setzte einen Extrastempel auf die Feuilletonromane (Antwort auf die Wahl von Eugène Sue), besteuerte alle in wöchentlichen oder monatlichen Lieferungen erscheinenden Schriften bis zu einer gewissen Bogenzahl und verfügte schließlich, daß jeder Artikel eines Journals mit der Unterschrift des Verfassers versehen sein müsse. Die Bestimmungen über die Kaution tödteten die sogenannte revolutionäre Presse; das Volk betrachtete ihren Untergang als eine Genugthuung für die Abschaffung des allgemeinen Wahlrechts. Indeß erstreckte sich weder die Tendenz noch die Wirkung des neuen Gesetzes allein auf diesen Theil der Presse. So lange die Zeitungspresse anonym war, erschien sie als Organ der zahl- und namenlosen öffentlichen Meinung; sie war die dritte Macht im Staate. Durch die Unterzeichnung jedes Artikels wurde eine Zeitung zu einer bloßen Sammlung von schriftstellerischen Beiträgen mehr oder minder bekannter Individuen. Jeder Artikel sank zu einer Annonce herab. Bisher hatten die Zeitungen als das Papiergeld der öffentlichen Meinung cirkulirt; jetzt lösten sie sich auf in mehr oder minder schlechte Solawechsel, deren Güte und Cirkulation von dem Kredit nicht nur des Ausstellers, sondern auch des Indossenten abhing. Die Presse der Ordnungspartei hatte, wie zur Aufhebung des allgemeinen Wahlrechts, so auch zu den äußersten Maßregeln gegen die schlechte Presse provozirt. Indeß war die gute Presse selbst in ihrer unheimlichen

Anonymität der Ordnungspartei und noch mehr ihren einzelnen provinzialen Repräsentanten unbequem. Sie verlangte sich gegenüber nur noch den bezahlten Schriftsteller mit Namen, Wohnort und Signalement. Vergebens jammerte die gute Presse über den Undank, mit dem man ihre Dienste belohne. Das Gesetz ging durch, die Bestimmung der Namennennung traf sie vor Allem. Die Namen der republikanischen Tagesschriftsteller waren ziemlich bekannt; aber die respektablen Firmen des „Journal des Débats", der „Assemblée Nationale", des „Constitutionnel" usw. usw. machten eine jämmerliche Figur mit ihrer hochbetheuernden Staatsweisheit, als sich die mysteriöse Kompagnie auf einmal zersetzte in käufliche Penny-a-liners von langer Praxis, die für baares Geld alle möglichen Sachen vertheidigt hatten, wie Granier de Cassagnac, oder in alte Waschlappen, die sich selbst Staatsmänner nannten, wie Capefigue, oder in kokettirende Nußknacker, wie Herr Lemoinne vom „Débats".

In der Debatte über das Preßgesetz war die Montagne bereits auf einen solchen Grad moralischer Verkommenheit herabgesunken, daß sie sich darauf beschränken mußte, den glänzenden Tiraden einer alten louisphilippistischen Notabilität, des Herrn Viktor Hugo, Beifall zuzuklatschen.

Mit dem Wahlgesetz und dem Preßgesetz tritt die revolutionäre und demokratische Partei von der offiziellen Schaubühne ab. Vor ihrem Aufbruch nach Hause, kurz nach Schluß der Session, erließen die beiden Fraktionen der Montagne, die sozialistischen Demokraten und die demokratischen Sozialisten, zwei Manifeste, zwei testimonia paupertatis, worin sie bewiesen, daß, wenn nie die Gewalt und der Erfolg auf ihrer Seite, sie sich doch stets auf der Seite des ewigen Rechts und aller übrigen ewigen Wahrheiten befunden hätten.

Betrachten wir nun die Partei der Ordnung. Die „N. Rh. Z." sagte Heft 3, pag. 16: „Den Restaurationsgelüsten der vereinigten Orleanisten und Legitimisten gegenüber vertritt Bonaparte den Titel seiner thatsächlichen Macht, die Republik. Den Restaurationsgelüsten Bonapartes gegenüber vertritt die Partei der Ordnung den Titel ihrer gemeinsamen Herrschaft: die Republik. Den Orleanisten gegenüber vertreten die Orleanisten den status quo: die Republik. Alle diese Fraktionen der Ordnungspartei, deren jede ihren eigenen König und ihre eigene Restauration in petto hat, machen wechselseitig den Usurpations- und Erhebungsgelüsten ihrer Rivalen gegenüber die gemeinsame Herrschaft der Bourgeoisie, die Form geltend, worin die besonderen Ansprüche neutralisirt und vorbehalten bleiben: die Republik .... Und Thiers sprach wahrer, als er ahnt, wenn er sagte: Wir, die Royalisten, sind die wahren Stützen der konstitutionellen Republik."

Diese Komödie der républicains malgré eux, der Widerwille gegen den status quo und die beständige Befestigung desselben; die unaufhörlichen Reibungen Bonapartes und der Nationalversammlung; die stets erneuerte Drohung der Ordnungspartei, sich in ihre einzelnen Bestandtheile zu sondern, und das stets wiederholte Zusammenschließen ihrer Fraktionen; der Versuch jeder Fraktion, jeden Sieg gegen den gemeinsamen Feind in eine Niederlage der zeitweiligen Alliirten zu verwandeln; die wechselseitige Eifersüchtelei, Rancüne, Abhetzung, das unermüdliche Ziehen der Schwerter, das immer wieder mit einem baiser-Lamourette endigt — diese ganze unerquickliche Komödie der Irrungen entwickelte sich nie klassischer, als während der letzten sechs Monate.

Die Partei der Ordnung betrachtete das Wahlgesetz zugleich als einen Sieg gegen Bonaparte. Hatte die Regierung nicht abgedankt, indem sie der Siebzehnerkommission die Redaktion und die Verantwortlichkeit ihres eigenen Vorschlages überließ? Und beruhte nicht die Hauptstärke Bonapartes gegenüber der Versammlung darauf, daß er der Erwählte der sechs Millionen war? — Bonaparte seinerseits behandelte das Wahlgesetz als eine Konzession an die Versammlung, womit er die Harmonie der legislativen mit der exekutiven Gewalt erkauft habe. Zum Lohn verlangte der gemeine Aventurier eine Vermehrung seiner Civilliste um drei Millionen. Durfte die Nationalversammlung in einen Konflikt mit der Exekutiven treten in einem Augenblick, wo sie die große Majorität der Franzosen in den Bann erklärt hatte? Sie fuhr ärgerlich auf, sie schien es auf das Aeußerste treiben zu wollen, ihre Kommission verwarf den Antrag, die bonapartistische Presse drohte und verwies auf das enterbte, seines Stimmrechts beraubte Volk, eine Menge geräuschvoller Transaktionsversuche fanden statt, und die Versammlung gab schließlich nach in der Sache, rächte sich aber zugleich im Prinzip. Statt der jährlichen prinzipiellen Vermehrung der Civilliste um drei Millionen bewilligte sie ihm eine Aushülfe von 2160000 Frcs. Nicht zufrieden damit, machte sie selbst erst diese Konzession, nachdem Changarnier sie unterstützt hatte, der General der Ordnungspartei und der aufgedrungene Protektor Bonapartes. Sie bewilligte also die zwei Millionen eigentlich nicht dem Bonaparte, sondern dem Changarnier.

Dies de mauvaise grâce hingeworfene Geschenk wurde von Bonaparte ganz im Sinne des Gebers aufgenommen. Die bonapartistische Presse polterte von Neuem gegen die Nationalversammlung. Als nun erst bei der Debatte des Preßgesetzes das Amendement wegen der Namennennung gemacht wurde, das sich wieder speziell gegen die untergeordneten Blätter, die Vertreter der Privatinteressen Bonapartes richtete, brachte das bonapartistische Hauptblatt, das „Pouvoir", einen offenen und heftigen Angriff gegen die Nationalversammlung. Die Minister mußten das Blatt vor der Versammlung verleugnen; der Gerant des „Pouvoir" wurde vor die Schranken der Nationalversammlung zitirt und zur höchsten Geldstrafe, zu 5000 Frcs. verurtheilt. Den anderen Tag brachte das „Pouvoir" einen noch viel frecheren Artikel gegen die Versammlung, und als Revanche der Regierung verfolgte das Parket sogleich mehrere legitimistische Journale wegen Verletzung der Konstitution.

Endlich kam man an die Frage von der Vertagung der Kammer. Bonaparte wünschte sie, um ungehindert von der Versammlung operiren zu können. Die Ordnungspartei wünschte sie, theils zur Durchführung ihrer Fraktionsintriguen, theils zur Verfolgung der Privatinteressen der einzelnen Deputirten. Beide bedurften ihrer, um in den Provinzen die Siege der Reaktion zu befestigen und weiter zu treiben. Die Versammlung vertagte sich daher vom 11. August bis zum 11. November. Da aber Bonaparte keineswegs verhehlte, daß es ihm nur darum zu thun sei, die lästige Aufsicht der Nationalversammlung loszuwerden, drückte die Versammlung dem Vertrauensvotum selbst den Stempel des Mißtrauens gegen den Präsidenten auf. Von der permanenten Kommission von acht= undzwanzig Mitgliedern, die als Tugendwächter der Republik während der Ferien ausharrten, wurden alle Bonapartisten fern gehalten. Statt ihrer wurden sogar einige Republikaner vom „Siècle" und „National" hineingewählt, um dem Präsidenten die Anhänglichkeit der Majorität an die konstitutionelle Republik darzuthun.

Kurz vor und besonders unmittelbar nach der Vertagung der Kammer schienen die beiden großen Fraktionen der Ordnungspartei, die Orleanisten und die Legitimisten, sich versöhnen zu wollen, und zwar durch eine Verschmelzung der beiden Königshäuser, unter deren Fahnen sie kämpfen. Die Blätter waren voll von Versöhnungs= vorschlägen, die am Krankenbett Louis Philipp's zu St. Leonards diskutirt worden seien, als der Tod Louis Philipp's plötzlich die Situation vereinfachte. Louis Philipp war der Usurpator, Heinrich V. der Beraubte, der Graf von Paris dagegen, bei der Kinderlosigkeit Heinrich's V., sein rechtmäßiger Thronerbe. Jetzt war der Ver schmelzung der beiden dynastischen Interessen jeder Vorwand ge= nommen. Gerade jetzt aber entdeckten die beiden Fraktionen der Bourgeoisie erst, daß nicht die Schwärmerei für ein bestimmtes Königshaus sie trennte, sondern daß vielmehr ihre getrennten Klassen= interessen die beiden Dynastien auseinanderhielten. Die Legitimisten, die in's Hoflager Heinrich's V. nach Wiesbaden gepilgert waren, gerade wie ihre Konkurrenten nach St. Leonards, erhielten hier die Nachricht vom Tode Louis Philipp's. Sogleich bildeten sie ein Ministerium in partibus infidelium, das meist aus Mitgliedern jener Kommission von Tugendwächtern der Republik bestand, und das bei Gelegenheit eines im Schooß der Partei vorkommenden Haders mit der unumwundensten Proklamation des Rechts von Gottes Gnaden hervortrat. Die Orleanisten jubelten über den kompromittirenden

Skandal, den dies Manifest in der Presse hervorrief, und verhehlten keinen Augenblick ihre offene Feindschaft gegen die Legitimisten. Während der Vertagung der Nationalversammlung traten die Departemental-Vertretungen zusammen. Ihre Majorität sprach sich für eine mehr oder weniger verklausulirte Revision der Verfassung aus, d. h. sie sprach sich aus für eine nicht näher bestimmte monarchische Restauration, für eine „Lösung", und gestand zugleich, daß sie zu inkompetent und zu feig sei, diese Lösung zu finden. Die bonapartistische Fraktion legte diesen Wunsch der Revision sogleich im Sinne der Verlängerung der Präsidentschaft Bonapartes aus.

Die verfassungsmäßige Lösung, die Abdankung Bonapartes im Mai 1852, die gleichzeitige Wahl eines neuen Präsidenten durch sämmtliche Wähler des Landes, die Revision der Verfassung durch eine Revisionskammer in den ersten Monaten der neuen Präsidentschaft, ist für die herrschende Klasse durchaus unzulässig. Der Tag der neuen Präsidentenwahl wäre der Tag des Rendezvous für sämmtliche feindliche Parteien, der Legitimisten, der Orleanisten, der Bourgeoisrepublikaner, der Revolutionäre. Es müßte zu einer gewaltsamen Entscheidung zwischen den verschiedenen Fraktionen kommen. Geläuge es selbst der Ordnungspartei, über die Kandidatur eines neutralen Mannes außerhalb der dynastischen Familien sich zu vereinigen, so träte ihm wieder Bonaparte gegenüber. Die Ordnungspartei ist in ihrem Kampf mit dem Volk genöthigt, beständig die Gewalt der Exekutive zu vermehren. Jede Vermehrung der Gewalt der Exekutiven vermehrt die Gewalt ihres Trägers Bonaparte. In demselben Maße daher, wie die Ordnungspartei ihre gemeinsame Macht verstärkt, verstärkt sie die Kampfmittel der dynastischen Prätensionen Bonapartes, verstärkt sie seine Chance, am Tage der Entscheidung gewaltsam die konstitutionelle Lösung zu vereiteln. Er wird sich dann ebensowenig der Ordnungspartei gegenüber an dem einen Grundpfeiler der Verfassung stoßen, als sie dem Volk gegenüber beim Wahlgesetz an dem anderen. Er würde scheinbar sogar der Versammlung gegenüber an das allgemeine Wahlrecht appelliren. Mit einem Wort, die konstitutionelle Lösung stellt den ganzen politischen status quo in Frage, und hinter der Gefährdung des status quo sieht der Bürger das Chaos, die Anarchie, den Bürgerkrieg. Er sieht seine Einkäufe und Verkäufe, seine Wechsel, seine Heirathen, seine notariellen Verträge, seine Hypotheken, seine Grundrenten, Miethzinse, Profite, seine sämmtlichen Kontrakte und Erwerbsquellen auf den ersten Sonntag im Mai 1852 in Frage gestellt, und diesem Risiko kann er sich nicht aussetzen. Hinter der Gefährdung des politischen status quo verbirgt sich die Gefahr des Zusammenbrechens der ganzen bürgerlichen Gesellschaft. Die einzig mögliche Lösung im Sinne der Bourgeoisie ist die Aufschiebung der Lösung. Sie kann die konstitutionelle Republik nur retten durch eine Verletzung der

Konstitution, durch die Verlängerung der Gewalt des Präsidenten. Dies ist auch das letzte Wort der Ordnungspresse nach den langwierigen und tiefsinnigen Debatten über die „Lösungen", denen sie sich nach der Session der Generalräthe hingab. Die großmächtige Ordnungspartei sieht sich so zu ihrer Beschämung genöthigt, die lächerliche, ordinäre und ihr verhaßte Person des Pseudo-Bonaparte ernsthaft zu nehmen.

Diese schmutzige Figur täuschte sich ebenfalls über die Ursachen, die sie mehr und mehr mit dem Charakter des nothwendigen Mannes bekleideten. Während seine Partei Einsicht genug hatte, die wachsende Bedeutung Bonapartes den Verhältnissen zuzuschreiben, glaubte er, sie allein der Zauberkraft seines Namens und seiner ununterbrochenen Karrikirung Napoleon's zu verdanken. Er wurde täglich unternehmender. Den Wallfahrten nach St. Leonards und Wiesbaden setzte er seine Rundreisen durch Frankreich entgegen. Die Bonapartisten hatten so wenig Vertrauen auf den magischen Effekt seiner Persönlichkeit, daß sie ihm überall Leute der Gesellschaft vom 10. Dezember, dieser Organisation des Pariser Lumpenproletariats, massenweise in Eisenbahnzüge und Postchaisen verpackt, als Klaqueurs mitschickten. Sie legten ihrer Marionette Reden in den Mund, die je nach dem Empfang in den verschiedenen Städten die republikanische Resignation, oder die ausdauernde Zähigkeit als den Wahlspruch der präsidentiellen Politik proklamirten. Trotz aller Manöver waren diese Reisen nichts weniger als Triumphzüge.

Nachdem Bonaparte so das Volk begeistert zu haben glaubte, setzte er sich in Bewegung, die Armee zu gewinnen. Er ließ auf der Ebene von Satori bei Versailles große Revuen abhalten, bei denen er die Soldaten durch Knoblauchwürste, Champagner und Zigarren zu kaufen suchte. Wenn der echte Napoleon in den Strapazen seiner Eroberungszüge seine ermatteten Soldaten durch momentane patriarchalische Vertraulichkeit aufzumuntern wußte, so glaubte der Pseudo-Napoleon, die Truppen riefen zum Dank: Vive Napoléon, vive le saucisson! d. h. Es lebe die Wurst, es lebe der Hanswurst!

Diese Revuen brachten den lange verhaltenen Zwiespalt zwischen Bonaparte und seinem Kriegsminister d'Hautpoul einerseits, und Changarnier andererseits zum Ausbruch. In Changarnier hatte die Ordnungspartei ihren wirklichen neutralen Mann gefunden, bei dem von eigenen dynastischen Ansprüchen keine Rede sein konnte. Ihn hatte sie zum Nachfolger Bonapartes bestimmt. Changarnier war dazu durch sein Auftreten am 29. Januar und 13. Juni 1849 der große Feldherr der Ordnungspartei geworden, der moderne Alexander, dessen brutales Dazwischenfahren in den Augen des zaghaften Bürgers den gordischen Knoten der Revolution zerhauen hatte. Im Grunde ebenso lächerlich wie Bonaparte, war er so auf höchst wohlfeile Weise zu einer Macht geworden und wurde von der Nationalversammlung dem Präsidenten zur Ueberwachung gegen übergestellt. Er selbst kokettirte, z. B. bei der Dotationsfrage, mit der Protektion, die er Bonaparte schenkte, und trat immer über mächtiger gegen ihn und die Minister auf. Als bei Gelegenheit des Wahlgesetzes eine Insurrektion erwartet wurde, verbot er seinen Offizieren, vom Kriegsminister oder vom Präsidenten irgend welche Befehle anzunehmen. Die Presse trug noch dazu bei, die Gestalt Changarnier's zu vergrößern. Bei dem gänzlichen Mangel an großen Persönlichkeiten sah sich natürlich die Ordnungspartei ge drungen, die ihrer ganzen Klasse fehlende Kraft einem einzelnen Individuum anzudichten und dies so zum Ungeheuren aufzuschwellen. So entstand der Mythus von Changarnier, dem „Bollwerk der Gesellschaft". Die anmaßende Charlatanerie, die geheimnißvolle Wichtigthuerei, womit Changarnier sich dazu herabließ, die Welt auf seinen Schultern zu tragen, bildet den lächerlichsten Kontrast mit den Ereignissen während und nach der Revue von Satori, die unwiderleglich bewiesen, daß es nur eines Federstrichs Bonapartes, des unendlich Kleinen, bedürfe, um diese phantastische Ausgeburt der bürgerlichen Angst, um den Koloß Changarnier auf die Dimen sionen der Mittelmäßigkeit zurückzuführen, und ihn, den gesellschafts= rettenden Heros, in einen pensionirten General zu verwandeln.

Bonaparte hatte sich schon seit längerer Zeit an Changarnier gerächt, indem er den Kriegsminister zu Diszipliunarstreitigkeiten mit dem unbequemen Protektor provozirte. Die letzte Revue bei Satori brachte endlich den alten Groll zum Eclat. Die konstitutionelle Entrüstung Changarnier's kannte keine Grenze mehr, als er die Kavallerieregimenter mit dem verfassungswidrigen Ruf: vive l'Empereur! vorbeidefiliren sah. Bonaparte, um allen unange= nehmen Debatten über diesen Ruf in der bevorstehenden Kammer= session zuvorzukommen, entfernte den Kriegsminister d'Hautpoul, indem er ihn zum Gouverneur von Algier ernannte. An seine Stelle setzte er einen zuverlässigen alten General aus der Kaiserzeit, der an Brutalität Changarnier vollständig gewachsen war. Damit aber die Entlassung d'Hautpoul's nicht als eine Konzession an Changarnier erscheine, versetzte er zu gleicher Zeit den rechten Arm des großen Gesellschaftsretters, den General Neumayer, von Paris nach Nantes. Neumayer war es gewesen, der bei der letzten Revue die gesammte Infanterie bewogen hatte, mit eisigem Stillschweigen an dem Nachfolger Napoleon's vorbeizudefiliren. Changarnier, in Neumayer selbst getroffen, protestirte und drohte. Unsonst. Nach zweitägigen Verhandlungen erschien das Versetzungsdekret Neumayer's im „Moniteur", und dem Heros der Ordnung blieb nichts übrig, als sich der Disziplin zu fügen oder abzudanken.

Der Kampf Bonapartes mit Changarnier ist die Fortsetzung

seines Kampfes mit der Partei der Ordnung. Die Wiedereröffnung der Nationalversammlung am 11. November findet daher unter drohenden Auspizien statt. Es wird der Sturm im Glase Wasser sein. Im Wesentlichen muß das alte Spiel fortgehen. Die Majorität der Ordnungspartei wird indeß trotz des Geschreis der Prinzipienritter ihrer verschiedenen Fraktionen gezwungen sein, die Gewalt des Präsidenten zu verlängern. Ebensosehr wird Bonaparte, trotz aller vorläufigen Protestationen, schon durch den Geldmangel geknickt, diese Verlängerung der Gewalt als einfache Delegation aus den Händen der Nationalversammlung hinnehmen. So wird die Lösung hinausgeschoben, der status quo forterhalten, eine Fraktion der Ordnungspartei von der anderen kompromittirt, geschwächt, unmöglich gemacht, die Repression gegen den gemeinsamen Feind, die Masse der Nation, ausgedehnt und erschöpft, bis die ökonomischen Verhältnisse selbst wieder den Entwicklungspunkt erreicht haben, wo eine neue Explosion diese sämmtlichen hadernden Parteien mit ihrer konstitutionellen Republik in die Luft sprengt.

Zur Beruhigung des Bürgers muß übrigens gesagt werden, daß der Skandal zwischen Bonaparte und der Ordnungspartei das Resultat hat, eine Menge kleiner Kapitalisten auf der Börse zu ruiniren und ihr Vermögen in die Taschen der großen Börsenwölfe zu spielen.